[illegible]01 Keywords

[illegible]せるようになる

箱田忠昭 監修

TAC出版

はじめに

誰でも人生に成功したいと思っていますね。

私は子供のころからの貧乏暮らしで、人一倍劣等感の強い人間でした。当時（多分今でも）貧乏暮らしはとても恥ずかしいことでした。どうしても私たちは他人と比較しながら生きていますから。また自分が劣っていると気づくのはつらいものです。

私は、将来は他人の目を気にしてオドオド生きるのは嫌だと強く思っていました。学校を卒業してサラリーマンになってからも、早く出世したい、昇給したい、良い家庭を作って、大きな家に住めるようになりたいと願い、どうすればそんな「成功者」になれるかをいつも考えて行動してきました。結果的には38歳で外資系会社の社長になり、41歳で独立してオーナー社長になりました。明るく健康的な妻と結婚し、3人の素晴らしい息子にも恵まれました。

結局、子供のころ描いていたいわゆる「成功者」にまがりなりもなることができました。

その過程でわかったことは、「人の人生の大切なことは他人が決めている」ということでした。だってそうでしょう？　あなたの給料を決めているのは他人です。あなたの出世を決めるのも他人です。結婚だって、相手がノーといえば結婚してもらえません。

ですからつまるところ、成功するためには他人とうまくやることが必須となります。他人との人間関係、コミュニケーションの巧拙があなたの人生を決めるということです。

本書は、私が長年研究し実践してきた成功のための人間関係づくりから、商談や会議、プレゼンといったさまざまな場面で役立つテクニックまで、一気に紹介した決定版です。

私はそれらのテクニックを、印象に残り覚えやすい端的なキーワードにするよう工夫し、セミナーなどでご好評をいただいてきました。本書では、それを１０１も紹介しています。

この本をもとにチャレンジし、これからの人生を大成功へ導いてください。

箱田忠昭

Chapter1

人と会う前に自信のつく心がけのキーワード

1 アサーティブ
自分と相手、双方の主張を尊重して歩み寄る態度 …… 20

2 ギブ&テイクの法則
言葉の順番どおり、「与える」のを先にすることで多くを得られる …… 22

3 WIN・WINの関係
常に自分と相手の双方が納得する落としどころを模索しよう …… 24

4 マスターマインド
自分の人生にいい影響を与えてくれる出会いを大切にしよう …… 26

5 共感ゾーン
相手に好感を持ってもらえるよう、共感できる部分を探そう …… 28

6 喫茶店式雄弁術
友人と話をするように自分の体験を入れて話そう …… 30

7 NLP理論
心理学・行動科学から人間を理解しよう …… 32

8 LIKE=LIKEの理論
人は自分と似ている人を好きになるという心理学的効果を応用……34

Chapter2

誰とでも打ち解けられる態度・ふるまいのキーワード

9 メラビアンの法則
相手に伝わるのは、見た目55％、話し方38％、話の内容7％……38

10 3・3・3の法則
人は出会って3分33秒で相手を判断する……40

11 赤福鯛めし
見た目の印象をよくして相手から信頼を得よう……42

12 シテヨニッコリ
言葉よりも、話をするときの態度が印象を左右する……44

13 ミホコサン
相手の話を肯定的に受け取ることで、自分の意見も受け入れてもらう戦略……46

14 ページング
相手と会話のペースを合わせて、よい関係を築く …… 48

15 マッチング
つかう言葉や話し方のペースを相手に合わせよう …… 50

16 ミラーリング
動作や表情など、体の動きを相手に合わせる …… 52

17 チューニング
相手の感情を理解し、自分の感情を合わせる …… 54

18 リーディング
相手の心にチューニングした後、自分のペースに引き込む …… 56

19 ページング・プラス・ワン
相手と合わせるページングを、より効果的にするテクニック …… 58

20 ザイアンスの法則
会う回数を増やせば好意を持ってもらえる …… 60

21 ビジュアルハンド
身ぶり手ぶりを加えた説明で説得力を増す …… 62

Chapter3

相手に好感を抱かせる技術のキーワード

22 上下運動繰り返し法
シンプルな手の動きで、相手に強い印象を残す …… 64

23 丁賞感関謝の法則
人間関係の構築と継続のために心がける5つの態度 …… 68

24 2つのバケツ
相手の心の中にあるバケツを、称賛で満たそう …… 70

25 自己重要感
相手の自尊心を満たすことが、信頼関係づくりにつながる …… 72

26 SOS話法
人をほめるための3つのキーワード …… 74

27 アイスブレーカー
用件に入る前に雑談をして、緊張した雰囲気を和らげる …… 76

28 テ・ニ・ス
どんな人とでも会話を続けられる雑談ネタの3本柱 …… 78

29 ああもうけたか
人の心をつかむ話に盛り込む7つの要素 …… 80

30 セルフ・ディスクロージャー
自分をオープンにすることで、相手も心を開いてくれる …… 82

31 アンカリング
相手の心地よい記憶をくすぐる会話テクニック …… 84

32 第三者を利用したほめ
自分以外の人の言葉をつかって相手をほめる …… 86

Chapter4

会話を弾ませる聞き方のキーワード

33 80:20の法則
会話は相手に80%話をさせる。自分の話は20%で十分 …… 90

34 アクティブリスニング
「傾聴している」というメッセージが相手に伝わるように聞く …… 92

35 相づちは「二度うち」
相手を肯定している気持ちを強く表す方法 …… 94

36 コミュニケーション・スターター
さまざまな相手への第一声に使える万能型の質問を常に用意! …… 96

37 オープン質問
相手に自由に話をさせて会話の糸口を見つける …… 98

38 クローズド質問
イエスかノーかで答えてもらう、意思確認の最短距離 …… 100

39 Dで始まる質問
相手の話を引き出しながら、内容も理解しやすくする質問 …… 102

40 リフレクティング
「おうむ返し」で会話をスムーズに続ける …… 104

41 タグ質問
リフレクティングと組み合わせる、ワンランク上のテクニック …… 106

Chapter5

相手と違う自分の意見を受け入れてもらうためのキーワード

Chapter6

相手に伝わり、受け入れられる話の組み立てキーワード

48 説得のコップ理論
自分の意見をいうのは、相手の主張をすべて吐き出させてから …… 122

49 一理三例の原則
抽象的な理由より、具体事例のほうが受け入れてもらえる …… 124

50 3P理論
自分の話を相手に受け入れてもらうための基本の3要素 …… 126

51 5W2H
論理の骨組みを整理し、事実を明確にする話し方 …… 130

52 KISS話法
相手に伝わりやすい、短くシンプルな言葉をつかう …… 132

53 箇条書き方式
論点を理路整然とまとめて説得力をアップする …… 134

Chapter 7
人を動かす依頼・交渉の心理テクニック

68 エスカレーター法
一度まとまった交渉に対して再び譲歩を迫る …… 166

69 パー法
先に一定の基準を示して相手を譲歩させる …… 168

70 READY法
反論を的確に封じる5つの対応法 …… 170

71 積み重ね法
相手に時間と労力をつかわせるほど、言い分は通りやすくなる …… 172

72 徹底同意法
相手の主張を全面的に認めた上で、こちらの主張を聞いてもらう …… 174

73 錯覚誘導法
相手の負担を細切れにして小さく見せる …… 176

74 90：10の法則
時間を制した者が交渉で勝利を収める …… 178

75 覚え書き法
とったメモから有利な契約内容をまとめて、相手に提案する …… 180

Chapter9

多数の人を前にして話すプレゼンのキーワード

Chapter1

人と会う前に自信のつく心がけのキーワード

アサーティブ

言い負かすのでも、言いなりになるのでもなく、自分と相手、双方の主張を尊重して歩み寄る態度

あなたが人と話をしたり、交渉したりするときの態度は、次の3つのうち、どのタイプでしょうか。相手や状況で違うこともありますが、振り返ってみてください。

一方的にまくしたてて言い負かそうとしたり、相手の言うことに対してすぐ感情的に反発したりするような、威圧的な態度のことを「攻撃型」と言います。このタイプは、相手も感情的になって逆襲してくるおそれがありますし、たとえ、その場では相手を屈服させられたとしても、相手の感情にしこりが残り、良好な人間関係を築くことができません。

その逆に、ろくに主張もせず、相手の言いなりになる態度のことを「服従型」と言います。こういう態度だと、自分が不利益を被ることが多いのはもちろんですが、実は、相手にとっても好ましくないのです。「話のしがいがない相手」と思われたり、下手をすると「腹

会話例 上司から対応しきれない量の仕事を頼まれた

攻撃型「こんなに仕事があるのに、無理ですよ」

服従型「わかりました。やっておきます」(トホホ)

アサーティブ型

「明日までに終えなければならない
仕事があります。ですが、
明後日までなら可能です」

の中では何を考えているのか、わからない奴」だと思われることもあります。

この2つのどちらとも違う第3の態度が「アサーティブ型」です。アサーティブとは、自分の意見は意見としてはっきり主張しながらも、相手の意見へも理解を示す態度のことです。

「すぐにとりかかってほしい」と仕事を頼まれたときに、「本日は、重要な先約がありますが、明日の正午までになら、その仕事を終えられます。いかがですか」と、自分の置かれている状況にも、相手の希望にも配慮した逆提案をすれば、相手も妥協点を検討してくれるものです。

ギブ＆テイクの法則

言葉の順番どおり、「与える」のを先にすることで多くを得られる

人と話しているときに自分の要求ばかりを相手に押しつけてはいませんか？

とくに交渉するときは、えてして自分の側が最大の利益を得ようとして、相手からいかに譲歩を引き出せるかに注目しがちです。

しかし、交渉というものは、お互いに利益が出なければうまくいかないものです。自分だけでなく、相手も利益を得たくて交渉を行っているのです。ただ単に、自分の要求を押しつけ、相手に譲歩を迫るだけでは、当然、話し合いはまとまりません。こちら側が歩み寄る姿勢を見せなければならない場面は必ずあります。

では、自分が先に譲歩して、相手に恩恵を与えてみるとどうでしょう。人は、「～してほしい」と言えば逃げますが、「～してあげる」と言えば受け入れるものです。

そして、人というものは、他人から恩恵を受けると、お返しをしなければならないとい

会話例　先に譲歩することで相手の譲歩を引き出そう

NG

「1台90万円なら買います」

「100万円はどうしても切れませんよ」

「100万円なら買いません。何とか90万円にしてください」

「それはできません。残念ですがこれ以上話しても無駄ですね。失礼します」

OK

「1台90万円なら買います」

「100万円はどうしても切れませんよ」

「では保守点検費を1%上乗せします。ですから90万円にしていただけませんか?」

「わかりました。それでしたら何とか90万円にできると思います」


う心理が働きます。

「ギブ&テイクの法則」は、その言葉の並び順のとおり、あなたが先に譲歩して相手に恩恵を与えれば（Give）、後に相手からの何らかの譲歩（Take）を期待することができるという法則です。返報性の法則とも呼ばれています。

ただし、この法則を働かせるには、こちらが譲歩したことが相手に伝わらなければいけません。まずこちらの主張をしっかりと相手に伝え、交渉の中で譲歩を見せることが重要です。

これは、交渉全体を有利に運ぶための最良の手段と言ってもいいでしょう。

ＷＩＮ－ＷＩＮの関係

常に自分と相手の双方が納得する落としどころを模索しよう

「ギブ＆テイクの法則」で述べたとおり、交渉ごとにおいては、自分と相手、双方にそれぞれの主張があります。

そのため、交渉の結果は、次の３つのどれかになります。「ＷＩＮ－ＬＯＳＥの関係」「ＬＯＳＥ－ＬＯＳＥの関係」「ＷＩＮ－ＷＩＮの関係」の３つです。

「ＷＩＮ－ＬＯＳＥの関係」とは、自分か相手のどちらかが勝って、どちらかが負けているという関係です。

これはよくありません。相手を抑えつけて自分の主張を一方的に押し通すのも、反対に自分ばかりが我慢するのも、良好な人間関係を築いているとはいえず、後々のことを考えると得策とは言えません。

「ＬＯＳＥ－ＬＯＳＥの関係」とは、自分も相手も損をするというような場合です。

状況　上司から急な仕事を頼まれたが、現在抱えている仕事と両立できない

▶WIN-WINの関係

承知しました。では今の仕事はA先輩に代わってもらえるよう、話していただけませんか?

▶WIN-LOSEの関係

先約の業務があるので無理です。ご自分でやってください。

▶LOSE-LOSEの関係

やりますけど、保証はできませんよ。もっと早く言ってくださいよ。

お互いに譲らず、主張が平行線をたどって交渉が不調のまま終わってしまう場合は当然のこと、相手の主張に対して明らかな不満を示しながら、しぶしぶ譲歩するというような交渉の仕方では、自分も相手も後味が悪いだけで、これもまた、次に前向きな展開を望むことが難しくなってしまいます。

「WIN-WINの関係」は、自分と相手の双方が満足する関係です。

自分と違う意見に対しても、何か条件をつけることでお互い納得のいく結果が得られます。常に「条件付きの賛成」という道を目指し、双方にとって満足のいく落としどころを探りましょう。

マスターマインド

自分の人生にいい影響を与えてくれる出会いを大切にしよう

会社の仲間や友人といった人間関係は、人生の基本です。いい人に出会うことができれば実りあるいい人生になり、いい出会いがなければ自分の考えばかりに固執して、周りの人がみんな嫌な人に見えてくるようなつまらない人生になってしまいます。

人が人と話すということは、チャンスの宝庫です。つまり、人は周囲の人の話を聞くことで成長する可能性を秘めています。相手の考え方に触れたり、自分の知らなかったこと、わからなかったことを教わったりすることで、自分の新しい一面を引き出すことのできるいい機会になります。

こうしたよい刺激を与えてくれて、自分にとっていい影響があるように導いてくれる人のことを「マスターマインド」、あるいは「メンター」と言います。

こうした人たちの話を聞くことは、あなたにとってかけがえのない財産になります。成

会話例　相手が先に自分への関心を示してくれたら

NG

「そのシャツとてもいい色ですね」

「そうですか？　ありがとうございます」

OK

「そのシャツとてもいい色ですね」

「ありがとうございます。あなたもとてもお似合いですよ」

出会いを大切にしよう

長が決まるといってもいいでしょう。

大切なきっかけになる出会いを恐れないことです。

せっかく出会ったのに、初対面の人と話すのは苦手だから、面倒くさいからと、ろくに話をしないのはもったいないと思いませんか。そういう機会を避けていては、自分の成長するチャンスをみすみす逃すことになってしまいます。

自分の学ぶべきものがどこに転がっているかは誰にもわかりません。人間関係には、このような成長の種子がたくさんあります。積極的によい人間関係を構築するよう、心掛けてみましょう。

共感ゾーン

相手に好感を持ってもらえるよう、共感できる部分を探そう

人と話していて、たとえば、相手が自分と同じ地方の出身だとわかると、すごく親近感が湧いてこないでしょうか。

このようなお互いの共通する部分のことを「共感ゾーン」と言います。人は心理的に、自分と相手の共通項が多ければ多いほど、その相手に親しみを持つ傾向があります。

共感ゾーンが狭いと、相手はあなたのことを、「自分とは似ていない」「自分とはタイプが違う」と感じ、無意識に少し警戒心を持ってしまいます。逆に共感ゾーンが広ければ広いほど、より相手を自分に近い存在としてとらえ、好感を抱くのです。

初対面の相手や、親しくなりたいけれど相手のことをよく知らないという場合には、この共感ゾーンを意識的に広げると効果的です。

出身地が同じだとわかったなら、方言を交えて話してみるなどすると、相手との距離が

会話例　共感ゾーンが広がると親しくなれる

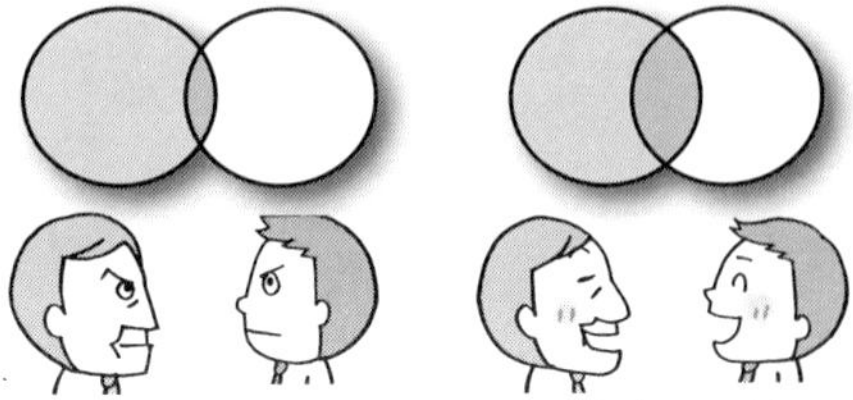

「ご出身はどちらですか？」

「北海道です」

「北海道は出張でよく行くんですよ。いいところですよね。北海道のどちらですか？」

「函館なんですよ」

「函館ですか。函館は海の幸が新鮮で、格別おいしいですよね」


さらにぐっと縮まります。

　出身地が違うのであれば、年齢はどうか、好きな映画、好きな音楽に共通点はないかと、分野を広げて、相手との共通項をいろいろな方向から探りましょう。

　年齢が同じであれば、学生時代の流行の話などをし、好きな映画が同じであれば、出演者や映画監督の話などをしてみてもいいかもしれません。自分と好きなものが共通する相手に、人は親しみを抱きやすいものです。

　お互いの共通項をなるべくたくさん見つけて、目の前の相手が自分に対して親近感を抱いてくれると、その後の話もスムーズになります。

喫茶店式雄弁術

友人と話をするように自分の体験を入れて話そう

日頃はうまく話せるのに、初対面の相手やビジネスの場面となると、とたんにうまくいかなくなる。そんな経験はありませんか。それは、必要以上にあらたまって話をしようとしているからです。

「喫茶店雄弁術」というのは、どんな相手、どんな場面であったとしても、喫茶店で友人と会話しているときのように話をする方法です。

よく思い出してみてください。友達と話すとき、あなたはどんなふうに話をしていますか。リラックスした雰囲気で、会話の中に自分の体験談や具体例を入れたりもして、自分が本当に思ったことを雄弁に話していると思います。

実は、こうすることによって声も大きくなり、話のテンポもよくなり、聞いている側も理解しやすく、耳を傾けやすくなるのです。

会話例　自分の経験なら自信を持って話せる

「このコピー機を見ていただきたいんです」

「今コピー機は間に合っているよ」

「確かにそのようですね。実は弊社もこれと同じ型に変えたのですが、本当に速くてきれいで、非常に助かっているんですよ」

「そう、そんなにいいの？」

「これ見てください。私も驚きました」

「本当だね。ちょっと考えようかなあ…」

話をする内容に自信を持っていない人は、ついつい声が小さくなり、ぼそぼそとした話し方をしてしまいがちです。これでは相手に話が伝わりにくくなるばかりか、自信がないことだけが伝わってしまいます。

この喫茶店雄弁術をビジネスシーンに応用してみましょう。

相手が1人でも、プレゼンやスピーチのときのように複数の相手を前にした場合でも、喫茶店で話すときと同じような気分で、あらかじめ具体的な事例や自分の体験談を用意して、それらを織り交ぜながら結論に導くという流れで話をしてみてください。うまく話をまとめることができます。

NLP理論

心理学・行動科学から人間の思考・行動パターンを理解しよう

人と上手に話をしたり、交渉したりするためには、論理的な話を組み立てることも重要ですが、心理学や行動科学といった分野からアプローチすると、より効果的です。

人は、言葉や動作に対して、脳や神経が自動的に反応するしくみになっています。これをより実践的に、より広いコミュニケーション分野に応用するために体系化した「NLP理論」というものがあります。

これは、相手の論理的な思考ではなく、感情あるいは無意識の反応を利用するというものです。

たとえば、人間の考え方、行動のパターンを心理学や行動科学の面からみてみると、2つの特徴があります。

第1に、人は外からの刺激に反応し、行動するということ。レモンを食べると、強い酸

NLP理論

▶外からの刺激に反応する◀
食べる
すっぱい
レモンの強い酸味を感じて唾液が出る。
▶経験・知識によって反応する◀
認識する
すっぱい
経験・知識によって、唾液が出る。

●人は、外からの刺激に反応して行動する
●人は、過去の経験や知識によって行動する

味によって「すっぱい」と感じ、口の中が唾液でいっぱいになることを指します。

第2に、人は過去の体験やそれによって得た知識が、行動に影響を与えるということ。レモンを食べたことのある人は、「レモン」という言葉を聞いただけで実際にレモンを口に入れたわけでもないのに唾液が出てくることがあります。これを指しています。

こうした理論を応用して、相手にとっていい感情や反応を呼び起こす言葉や態度をとるようにすれば、相手の無意識の部分に働きかけ、よりよいコミュニケーションを図ることができます。逆に、悪い感情や反応を招く言葉や行動は慎むようにしましょう。

ＬＩＫＥ＝ＬＩＫＥの理論

人は自分と似ている人を好きになるという心理学的効果を応用

「ＮＬＰ理論」の１つで、人間関係にとって重要なものが「ＬＩＫＥ＝ＬＩＫＥの理論」です。英語の「ＬＩＫＥ」には、よく知られている「好き」という意味の他に、「似ている」という意味がありますが、人は自分と似ている人、つまり共通項の多い人を無意識に好きになる傾向があります。

では、相手から好感を持たれたいときにはどうすればいいのでしょう。

英語の意味からわかるように、相手に似ている人になることです。相手との共通項をつくって示したり、相手と同じ行動を取ったりして、意識的に相手に似せるようにするのです。つまり「共感ゾーン」を広げるわけです。

わかりやすい共通項がなくても、相手と話をする中で動作や表情、好みや考え方なども相手に似せるようにして、それを示していきます。

会話例 LIKE＝LIKEの理論を使って相手に好かれる

人は自分と似ている人が好き

↓

❶共通点を示し、似ているところを強調する
❷同じ行動をとり、意識的に相手に似せる

↓

好意が得られる

NG

「今日は暑いですね」

「そうですか？　あまり気になりませんけど」

「のどが渇きませんか？」

「いえ、私は大丈夫です」

OK

「今日は暑いですね」

「本当に暑いですね。もう夏も本番ですね」

「のどが渇きませんか？」

「カラカラです。喫茶店に入りましょうか？」


このとき、けっして否定的な言葉を使ってはいけません。

たとえば「今日は暑いですね」という簡単な会話をしているときでも、「私はそうは思いません」といった言葉を返してしまうと、相手に「私は、あなたとは違う」と言うのと同じことになります。

仮にあなたがその時は暑いと思っていなくても、「そうですね、今日はとくに暑くなるみたいですね」と相手と同じ感情を持っていることを示すことが大切です。

相手に自分と似ていると思わせることは、すなわち好意を得るコツであり、良好な人間関係を構築するコツなのです。

Chapter2

誰とでも打ち解けられる態度・ふるまいのキーワード

メラビアンの法則

相手に伝わるのは、見た目55％、話し方38％、話の内容７％

同じ内容の話をしても、話す人の見た目や話し方の違いで、聞く側が受け取るメッセージには違いが出ます。

人は視覚的に認識した情報で、相手への印象の55％が決められてしまうといいます。つまり、話す人のルックスや表情が、受け取る側の印象の半分以上の割合を占めるのです。

次に話し方、つまり声の大きさや抑揚、話すスピードが全体の38％だといわれています。見た目と話し方だけで、相手の受けるメッセージ全体の93％を占めているのです。話の内容はわずか7％しかないということになります。もちろん、話の内容が重要ではないということではありませんが、それ以前に気をつけなくてはならないポイントがあるのです。見た目と話し方に気をつけて、うまく話すことができれば、相手によい印象を与えながら、伝えたいことをしっかりと伝えることができるのです。

見た目と話し方でメッセージが変わる

伝え方　OK

- 清潔な服装
- 笑顔
- リラックスした態度
- はっきりとした声
- 落ち着いた低いトーン
- 丁寧な言葉遣い　など

伝え方　NG

- 服装に気をつかわない
- 表情が硬い
- 緊張した姿勢
- 声が小さい
- 興奮して声が高くなる
- 言葉遣いが悪い　など

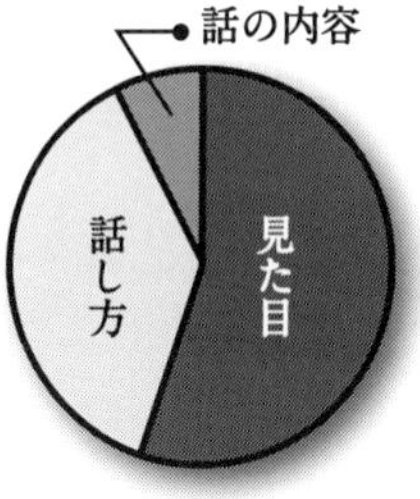

見た目……55%

話し方……38%

話の内容…7%

きちんとした清潔な服装をし、笑顔を忘れずに、リラックスした態度をとり、はっきりとした口調で話をしましょう。

声は状況に合わせてテンポや抑揚に気をつけながら、少し低い声を出すように意識すると落ち着いた話し方になります。また、相手に関わりなく丁寧な言葉遣いを心掛けることも大切です。

これらのことに気をつけながら話をすることによって、正確なメッセージが相手に伝わりやすくなります。

また、相手にもしっかりとした話をする人だという印象を与えることができるのです。

3・3・3の法則

人は出会って3分33秒で相手に対する印象を決定づける

前項で紹介したメラビアンの法則は、人は相手の見た目と話し方で9割以上の印象を決めているという法則でした。それとも関連するのが、3・3・3の法則です。人は、初めて会う相手を、3秒、30秒、3分という非常に短い時間で判断するという法則です。

まずは最初の3秒。これが見た目の印象です。人は出会った瞬間の3秒間で、目に飛び込んできた服装や姿勢、顔つきなどから相手を判断します。たったこれだけの時間で得られる情報から、相手に対する印象の55%もの割合を決定するのです。

次にあいさつや自己紹介をする30秒。ここで、その人の声の大きさや言葉づかい、態度などから相手の持つ雰囲気などを読み取ります。これが印象全体の38%を占めます。ですから、声が小さかったり、弱々しかったりすると、弱い人間という印象を与えてしまうことになります。

心構え　出会った瞬間の第一印象を大切にしよう

●緊張しても、自信のない態度は禁物。

●さわやかで元気な挨拶をしよう。

ここまでの33秒で、実に印象の93%が決まってしまいます。そして、話し始めて約3分間で、残りの7%の評価が決定します。

つまり、出会って3分33秒で、その後、その相手と人間関係を築く土台ができ上がることになります。

もちろん、その短い時間のなかでよい印象を残せたからといって、後の時間は気を抜いていいということではありません。

しかし、第一印象がいいものであれば、後の関係に有利に働くことは間違いありませんから、この短い時間を大切に使う必要があることを、3・3・3の法則は教えてくれているのです。

赤福鯛めし

見た目の印象をよくして相手から信頼を得よう

「一生懸命に話しているのに、営業先であまりちゃんと聞いてもらえない」

「正しいことをいっているはずなのに、打ち合わせで聞き入れてもらえない」

「話す内容には自信があるのに、プレゼンでの反応がかんばしくない」

そんなふうに感じたことはありませんか。

メラビアンの法則が示すように、見た目の印象は、話し方や内容よりも大きな影響を相手に与えるものです。

見た目の印象は、もともとの顔のつくりや体形などではなく、顔の表情や目つき、服装やからだの姿勢、身ぶりや手ぶりなどに、大きく左右されます。ですから、ほんの少し意識するだけで、簡単に変えることができます。

人前に出るときは、まず「赤福鯛めし」をチェックしてみましょう。

赤福鯛めし

あ	アクセサリー	たい	態度
か	顔つき	め	目つき
ふく	服装	し	姿勢

赤福鯛めしとは、【あ】アクセサリー、【か】顔つき、【ふく】服装、【たい】態度、【め】目つき、【し】姿勢の6つを指す言葉。これらに注意するだけで、あなたの印象はぐんとよくなります。

また、ビジネスにおける身だしなみは、「社会人としての常識」をはかるバロメーターでもあります。派手すぎたり、だらしない見た目では、相手の信頼を得ることはできません。

男性なら「スーツやネクタイの色はビジネスに相応しいか」「靴は磨かれているか」。女性なら「メイクが派手過ぎないか」「ストッキングは伝線してないか」といった、自分なりのチェックリストをつくることも有効です。

シテヨニッコリ

言葉よりも、話をするときの態度が印象を左右する

メラビアンの法則によれば、メッセージを伝えるときの態度は話の内容以上に重要です。相手によい印象を与えるための話し方は「シテヨニッコリ」で覚えましょう。

「シ」は視線。話をするときはアイコンタクトを意識し、適度に目を合わせるようにしましょう。人は相手の目を見ることで、言葉には表れないやりとりをしています。

「テ」は手のジェスチャー。話をしながらの手の動きも重要です。これは「ビジュアルハンド」ともいいます。小さくても手の動作を加えながらあなたが言葉を発することで、相手は話の内容をイメージしやすくなったり、会話に心地よいテンポが生まれたりする効果があります。

「ヨ」はよい姿勢。これは気をつけの姿勢ではなく、適度に力を抜いてリラックスした姿勢のことをいいます。このような姿勢で臨めば、それを聞いている相手にもリラックスし

心構え 人と話をするときはシテヨニッコリ

シ

●視線

適度に相手の目を見て話す。目は多くの情報をお互いへもたらしてくれる。

テ

●手のジェスチャー

別名ビジュアルハンド。言葉に動作を加えると相手もイメージしやすい。

ヨ

●よい姿勢

リラックスした姿勢で話をする。相手もリラックスして話しやすい雰囲気を作る。

●ニッコリ

笑顔はいい関係を作るための最も重要なアイテム。笑顔で楽しいムードを作る。

た空気を伝えることができます。

最後に「ニッコリ」。これは笑顔です。笑顔はコミュニケーションにとって欠かすことのできない最も効果的で重要なツールです。

急に人と会うことになったが、服装に自信がない、体調が悪く顔色がすぐれない、あるいは汗や雨風で髪型がきれいに整っていないという状況でも、やはり見た目の印象は大事にしたいものです。

そんなときも「シテヨニッコリ」を意識すれば、見た目の印象をよくして、メッセージを伝えやすくなります。

ミホコサン

相手の話を肯定的に受け取ることで、自分の意見も受け入れてもらう戦略

人は、自分の話を聞いてくれる相手に好意を持ちます。それは、相手が自分を認めてくれていると感じるからです。

また、好意を持つ相手の要請には積極的に応えたいと考える傾向があります。

つまり、信頼を得て、こちらの話を前向きに聞いてもらうためには、相手の話を「聞く」ことで、自分に好意を持ってもらうことが、成功の大きな鍵になります。

ここでご紹介するのは、「ミホコサン」というキーワード。「ミ」は認める、「ホ」はほめる、「コ」は肯定する、「サン」は賛成する。相手の話を聞くときの4つの心構えを表す言葉です。

つまり、相手の話に対して、否定や反論をせず、肯定的に受け取ることで、相手の認められたいという気持ちを満たしてあげるという姿勢で会話をするのです。

会話例　相手を認めたうえで自分の主張をしよう

「おたくの商品は高いからね」

NG

「そんなことありませんよ。一度ご覧になるだけでもどうですか?」

OK

「そうおっしゃるのはわかります。一度ご覧いただければ、価格にも納得いただけると思います」

人は、初めて会う人や初めて知ることに対して、批評するような態度を取ってしまいがちです。しかし、それでは相手の気持ちを傷つけ、嫌な感情を残すことになります。

意識して肯定的に受け取ることが必要です。ただし、ただ相手を認め、ほめ、肯定し、賛成するだけでは、相手に服従することになってしまいます。それでは、自分の主張を持ち出すことができず、アサーティブな関係をつくれません。

相手の意見を尊重したうえで、こちらの意見が通りやすいよう、戦略的な態度として、むやみに否定せず、会話をコントロールしていくことが重要です。

ペーシング

相手と会話のペースを合わせて、よい関係を築く

人の心をすばやくつかみ、信頼関係（ラポール）を築くにはどうすればいいのでしょう。これは、前章で紹介した「LIKE＝LIKEの理論」を用いるのが効果的です。つまり、相手とあなたの共感ゾーンを増やすことで、相手から好きになってもらうのです。

そのための具体的なテクニックがペーシングです。言葉づかいや声のトーン、話し方など、さまざまな会話の要素を、相手のペースに意識的に合わせるようにします。

丁寧な言葉づかいをする人には、こちらも丁寧に話します。ゆっくりしたペースで話す人なら、こちらの話のテンポもスローなものにしてみましょう。

このような工夫ひとつで、相手は話がしやすくなり、そして、あなたが自分と「似ている」と思うようになります。

ペーシングには、言葉を合わせる「マッチング」、動作を合わせる「ミラーリング」、感

会話例　相手にペースを合わせて話をしよう

NG：ディスペーシング

「このところ涼しくなりましたね」

「そうですか？　私は暑がりなので」

「昼間はまだちょっと暑いですけど、朝夕はずいぶん涼しくなりましたよ」

「でももっと涼しくなってほしいなあ」

OK：ペーシング

「このところ涼しくなりましたね」

「確かにそうですね。朝夕はだいぶ過ごしやすくなりましたね。もう秋ですね」

「秋はいいですよね。食べ物もおいしくて」

「食欲も増しますね。どんな食べ物がお好きですか？」

情を合わせる「チューニング」といった具体的な方法があります。それぞれの方法は、この後の項で、詳しく説明していきますが、どれも「相手とペースを合わせる」ことが第一の基本です。

また、ペーシングとは、まったく逆の意味を持つのがディスペーシングです。

怒っている相手に対して、にこやかに応対したら、相手はもっと怒るでしょう。このように相手のペースを無視すると、ひどい場合はコミュニケーションそのものが不可能になります。

ペーシングは会話の鍵を握っているといっても過言ではないのです。

マッチング

つかう言葉や話し方のペースを相手に合わせよう

会話の相手と話の歩調を合わせるペーシングの具体的な方法のひとつに、言葉や話し方を相手に合わせるマッチングがあります。

言葉を合わせるというのは、相手が使っているのと同じ言葉を使うということです。「『お昼ごはん』、一緒にどう？」と相手から聞かれているのに、「いいですね、『ランチ』に行きましょうか」、これではペーシングができているとはいえません。ペーシングとは逆のディスペーシングになってしまいます。「お昼ごはん」と言われたら、同じ言葉で返すのがマッチングです。

言葉そのものを同じにするだけでなく、丁寧に話す人には丁寧に、ざっくばらんな話し方の人には、こちらもざっくばらんな話し方をします。

外来語や専門用語をよく使う人と、そうでない人がいますが、これも相手に合わせて使

会話例　相手と同じ言葉を使って話をしよう

NG

「ちょっと休憩して、お茶にしましょうか?」

「ええ、ティータイムにしましょう」

OK

「ちょっと休憩して、お茶にしましょうか?」

「いいですね。お茶でも飲みましょう」

い分けましょう。声の大きさや、話すスピードなども合わせたほうがよいでしょう。

ただし、使っている言葉の意味がよくわからないときは、素直に「わからない」ということを伝え、意味を教わることも肝心です。知らない言葉を知らないままつかっていては、コミュニケーションははかれません。

また、相づちを打つという行為もマッチングです。「今日は暑いね」と言われたときに、「そうですね」だけでなく、「本当に暑いですね」と相手の言葉を繰り返して使うほうが効果的です。

ミラーリング

動作や表情など、体の動きを相手に合わせる

非常にいい関係を築いている人たちのことを「息が合う」といいます。親密な間柄の人同士は、本当に呼吸まで合っているものです。

それならば、意識して相手と呼吸を合わせることができれば、いい関係を築くこともできるといえるのではないでしょうか。これも心理学的に理論づけられています。

とはいえ、いきなり呼吸を合わせるのは難しいので、まず相手の動作や表情など、目に見える部分から合わせていきます。

このテクニックをミラーリングといいます。

ミラーリングは、動作だけでなく、服装や表情、立ち方、座り方など、鏡のように相手と合わせて振る舞うのが基本です。

たとえば、話をしている相手がお茶を飲んだらこちらもお茶を飲む。足を組み替えたら

動作　相手の動作に合わせて動こう

（相手）テーブルに肘をついた
▼
（自分）腕をテーブルの上に置く

（相手）腕を組んだ
▼
（自分）手を組んで膝の上に置く

（相手）資料を手にとった
▼
（自分）資料に手を添えて目をやる

こちらも組み替える。さらに笑顔や真剣な顔などの表情も相手に合わせるようにします。

すると、はじめは緊張していた相手も、無意識のうちに警戒感がほぐれていきます。相手と同じ動作や表情をしているうちに、「なんとなくこの人とは息が合う、気が合う」と感じてもらえ、好意を得られるのです。

あからさまに相手の真似をするとかえって不自然ですから、相手が頭をかいたら、こちらは髪をかき上げる、相手がテーブルに肘をついたら、こちらは腕をテーブルの上に乗せるなどとアレンジすると、自然なミラーリングとなります。動作のリズムを合わせるのがミラーリングのコツなのです。

チューニング

相手の感情を理解し、自分の感情を合わせる

ペーシングの具体的な方法のひとつには、相手の感情に自分の感情を合わせるチューニングもあります。相手が明るい人ならこちらも明るく、熱意のある人ならこちらも熱意を込めて話をする、という方法です。こうすることで、自分と相手との距離が近いことを示し、好意を持ってもらうのです。

しかし、たとえば相手が何かの事情で沈んでしまっているときにはどうすればいいのでしょう。こちらも同じように沈んでしまっては事態の進展は望めませんし、逆に明るく振る舞うと、ペーシングの逆のディスペーシングとなってしまいます。

チューニングは、相手のムードや感情に合わせるだけでなく、相手の価値観や思考も考えなければなりません。

相手の価値観や思考にチューニングするというのは、単に相手に何が何でも合わせると

会話例　相手の感情に合わせて話をしよう

NG：ディスペーシング

「ちょっと聞いてください！　昨日……」

「まあまあ、落ち着いてください」

OK：ペーシング

「ちょっと聞いてください！　昨日……」

「本当ですか！　それは大変でしたね！」

いうことではありません。

相手が非常に怒っているときに、自分も一緒になって激昂するのは論外です。この場合は、そのテンションに合わせて、申し訳ないという態度を強く出します。

感情の種類にストレートに合わせるのではなく、相手の感情の高ぶりに合わせるのです。

チューニングでは、話をしている相手が今何を思っているのかを考え、相手の言い分を理解しようとすることが必要なのです。

そうすることで相手の感情が理解でき、相手の思考を共有したうえで、自分の感情を近づけていくことができます。

リーディング

相手の心にチューニングした後、自分のペースに引き込む

前項で相手の感情に自分の感情を合わせるチューニングを紹介しましたが、その後に有効なのがリーディングです。

これは、一度チューニングした相手の心を、今度は自分の望む感情や、会話の方向に誘導する方法です。

たとえば、相手の感情が怒りで高ぶっている場合、冷静に話をするためには、その怒りを静めたいと考えます。そのとき、ただひたすら冷静になるよう訴えても効果はさほど見込めません。時にはそれが相手の気持ちをより頑なにさせ、逆に怒りに火をそそぐような結果になりかねません。

それよりも、まずは一度、その怒りの感情に対して自分の感情を合わせてチューニングするのです。一緒に怒りを感じて感情を高ぶらせる、あるいはその怒りの対象が自分であ

会話例 一度感情を合わせた後コントロールする

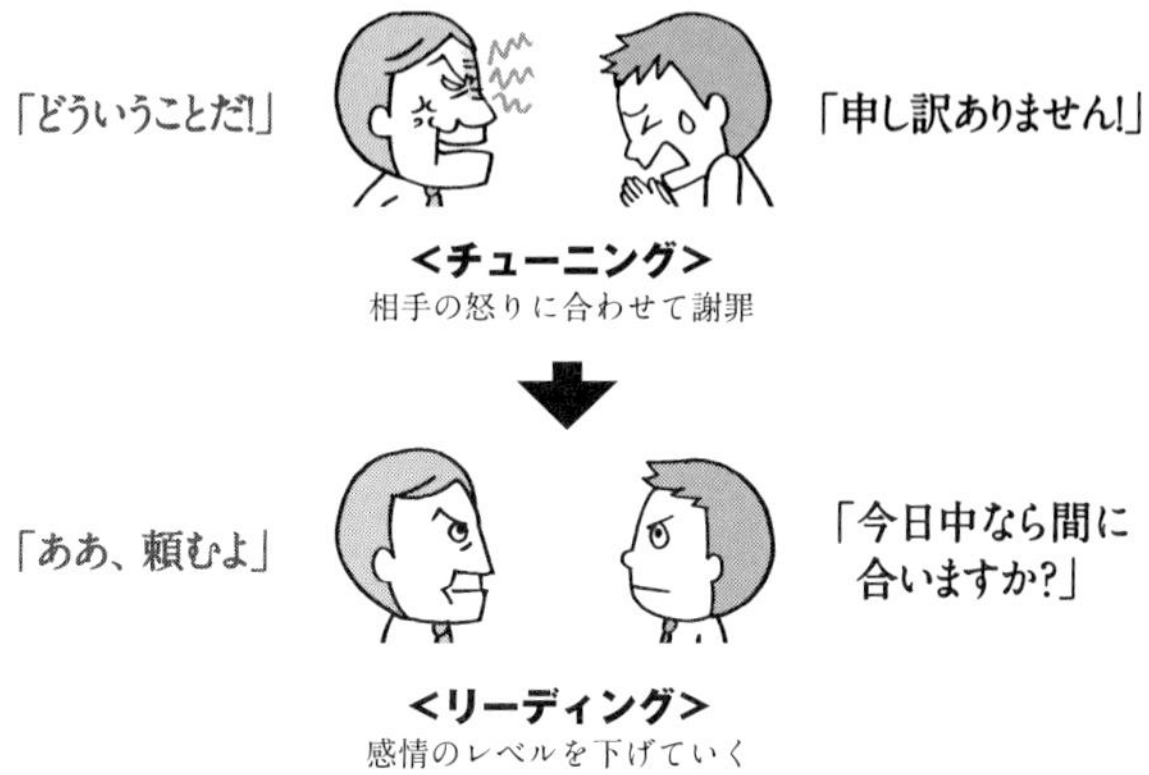
「どういうことだ!」
「申し訳ありません!」
<チューニング>
相手の怒りに合わせて謝罪
「ああ、頼むよ」
「今日中なら間に合いますか?」
<リーディング>
感情のレベルを下げていく

った場合は、謝罪の気持ちを強く出して謝ります。ある程度相手の感情につきあった後、徐々に自分の感情を落ち着かせていきます。すると、それまで怒りで高ぶっていた相手の感情も、こちらの感情に合わせて冷静になっていくのです。

相手が冷静になりさえすれば、感情的になることなく交渉ごとを進めることができます。これがリーディングです。

人間は長時間怒りを持続させることはできません。一度、感情をチューニングすれば、その後は、片方が冷静になっていけば、もう片方もつられて落ち着きをとり戻していくものなのです。

ページング・プラス・ワン

相手と合わせるページングを、より効果的にするテクニック

これまでページングの具体的な方法を紹介してきましたが、ただ単純に相手に合わせるだけでなく、さらに効果的にページングを行うページング・プラス・ワンというテクニックがあります。

たとえば「今日は暑いですね」と話しかけられたときに、「本当に今日は暑いですね」とページング（マッチング）した後にプラスして、「明日も暑いみたいですよ」とか「海にでも行きたいですね」といった言葉を続けるのです。

ページングのための言葉に続けて、会話が先につながる言葉をプラスワンするのがコツです。会話のキャッチボールがこのように始まり、相手がまたボールを投げ返してくれれば、その言葉にまたページングしてプラスワンと続け、どんどんページングの効果が上がっていきます。

会話例　ペーシングプラスワンで会話が続く

「いいお天気ですね」

「そうですね。本当に気持ちがいいですね」

「もうすぐ夏ですね」

「そうですね。もうすぐ夏ですね。夏はお好きですか?」

「実は暑いのは苦手なんですよ」

「そうなんですか?　それじゃあ、今がちょうどいい季節ですね」

「過ごしやすいですからね」

「本当ですね。春は過ごしやすいですよね」

・
・
・

ここで気をつけなければならないのは、ペーシングは相手の感情や思考に添わなければいけないという点です。

たとえば相手が「最近ちょっと体の調子が悪くて」と言った場合、「調子が悪いのですか」の後に「気のせいではないのですか」「大丈夫ですよ」と続けてしまったのでは、言葉のやり取りは成立していても、ペーシングしていることにはなりません。

相手の気持ちをまったく考えていないからです。

「心配ですね」「病院で診てもらったのですか」など、常に相手の視点に立った言葉を続けるのがペーシングの基本です。

ザイアンスの法則

会う回数を増やせば好意を持ってもらえる

ＩＴ技術の進歩によって、人と会うことなく交渉を進めることも可能な世の中になりましたが、それでもビジネスの基本が「人」であることに変わりはありません。

心理学には人間関係の法則である「ザイアンスの法則」と呼ばれるものがあります。ザイアンスの法則におけるポイントは３つあります。

法則の第1は、「人は知らない人には冷淡で、批判的、攻撃的な態度をとる」というものです。逆にいえば、人はよく知っている人には批判的・攻撃的な態度はとらないということになります。

交渉の第一歩として、相手にとって「知らない人」から「知っている人」になるよう努力すること。さらには好意を抱いてもらうことが必要です。

第2は、「人は会えば会うほど好意的になる」というもの。人は会う回数が増えれば、

応用例 ザイアンスの法則を応用して人間関係を築こう

❶ 知らない人には批判的態度をとる

↓

知っている人には批判的な態度をとらない

❷ 人は会えば会うほど好意的になる

↓

信頼されたい相手のもとを頻繁に訪ねる

❸ 人間的側面を知ったときに好意を持つ

↓

失敗談などで人間的側面をアピールする

相手に対する理解が深まり、好意を持つ傾向があります。

たとえその人と長い時間、話をすることがなくても、何度も会うことで好意を持ってもらえるのです。取引相手や顧客に信頼されたいと思えば、一度に多くを語るより、足を運ぶ回数を増やすことが必要です。

第3は、「人は相手の人間的側面を知ったときに好意を持つ」というもの。これを応用し、あえて失敗談を話すなどして、こちらの人間的側面をアピールします。そうすることで、相手の心を開かせることができるのです。

交渉を有利に進めるために、人間心理をうまく利用して、関係を構築しましょう。

ビジュアルハンド

身ぶり手ぶりを加えた説明で説得力を増す

自信にあふれ、堂々とした態度の人の話には、思わず耳を傾けてしまうものです。そこには強い説得力があると感じることが多いと思います。

このとき、その人はどんな風に話しているか、思い出してみてください。身ぶり手ぶりのジェスチャーを多用していませんでしたか。

本章の最初にあるメラビアンの法則で説明したとおり、人は、「どのようなことをいうか」よりも、「どのように見えるか」ということを知らず知らずのうちに重要視しています。これは、漫然と話をするよりも、身ぶり手ぶりを使って情緒豊かな話し方をすることで、相手へ与える印象が大きく変わってくることを意味しています。

そこでおすすめしたいのがビジュアルハンドです。これは文字どおり手の動きのことを指します。

ビジュアルハンドのポイント

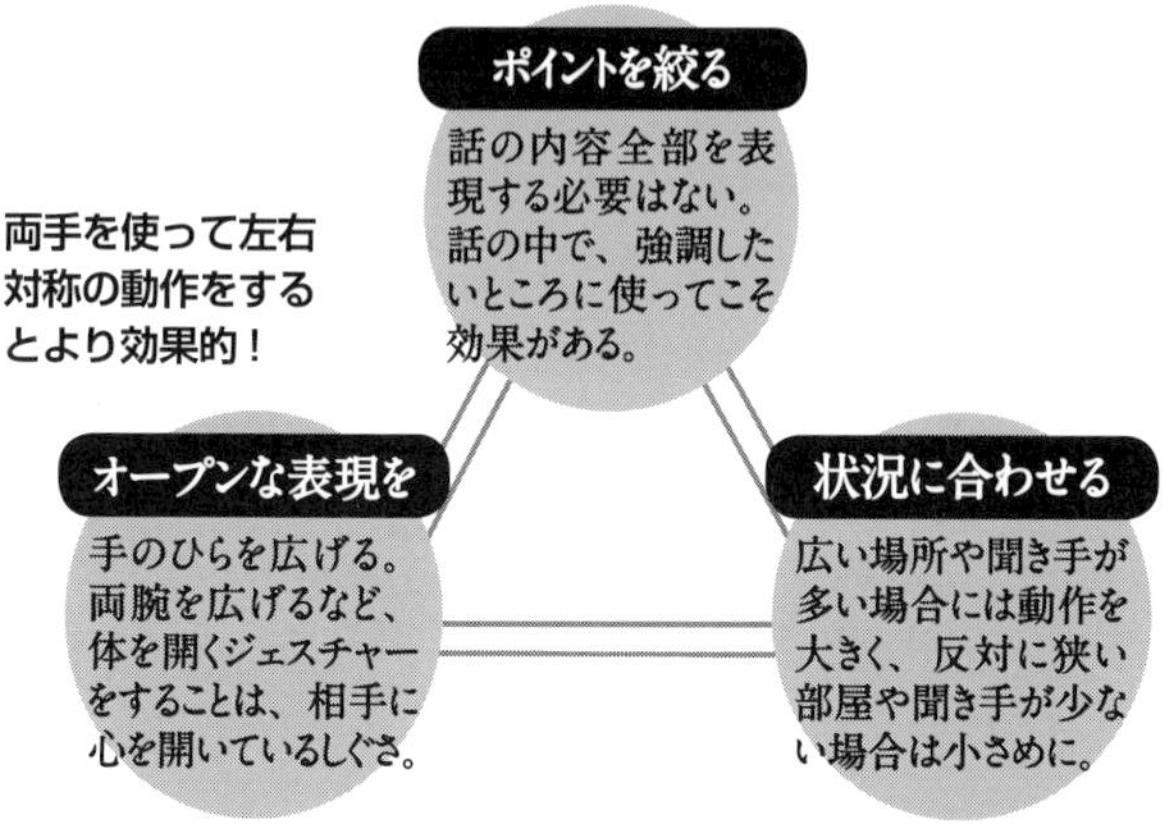
ポイントを絞る
話の内容全部を表現する必要はない。話の中で、強調したいところに使ってこそ効果がある。
両手を使って左右対称の動作をするとより効果的！
オープンな表現を
手のひらを広げる。両腕を広げるなど、体を開くジェスチャーをすることは、相手に心を開いているしぐさ。
状況に合わせる
広い場所や聞き手が多い場合には動作を大きく、反対に狭い部屋や聞き手が少ない場合は小さめに。

両手を大きく横に広げれば、たとえば事業の拡大の説明を補強する動きにもなりますし、左手を伸ばして遠くを指すジェスチャーをすれば、海外や遠方との関係を表すことなどができます。

ただし、手先だけをちょこちょこ動かしたり、内容にそぐわないジェスチャーは逆効果となってしまいますので、注意が必要です。

このように、話すことに合わせて手の動きを取り入れると、話の内容を強化することにもつながります。リラックスしてダイナミックに表現してみてください。

自信に満ちあふれた説明ができるようになります。

上下運動繰り返し法

シンプルな手の動きで、相手に強い印象を残す

上下運動繰り返し法は、おすすめのビジュアルハンドのひとつです。

数々の名スピーチを残した第35代アメリカ合衆国大統領のジョン・F・ケネディには、「ケネディ・チョップ」と呼ばれた有名なビジュアルハンドがありました。

これは、右手で左手の手のひらを叩く動作です。その様がまるで空手チョップのようだったので、「ケネディ・チョップ」と呼ばれるようになったのです。

この動作を、ケネディは演説中、何か強調したいことを話す場面でよく使いました。

話の中に手の動きをとり入れ、話す内容を強化する役目を持っているビジュアルハンドのなかでも、このように手を上下に動かす動きは、聞き手に話のポイントを示す時やこちらの感情を強調したい時に、それをわかりやすく伝えることができます。そして、シンプルな動きですから、すぐに使うことができておすすめです。

簡単なビジュアルハンド

○手を下から上へあげる動き

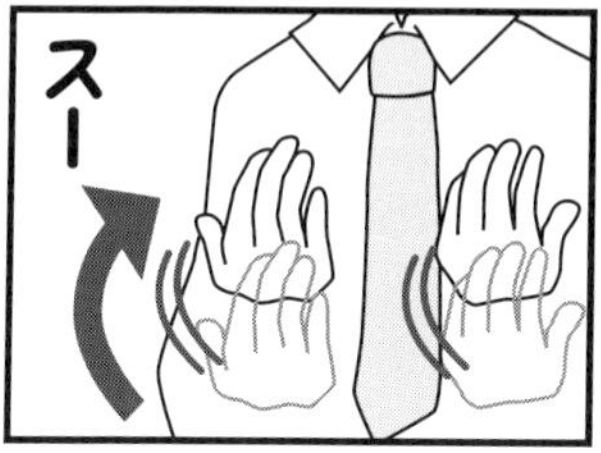

優しさや包容力を表す

○手を上から下へ下ろす動き

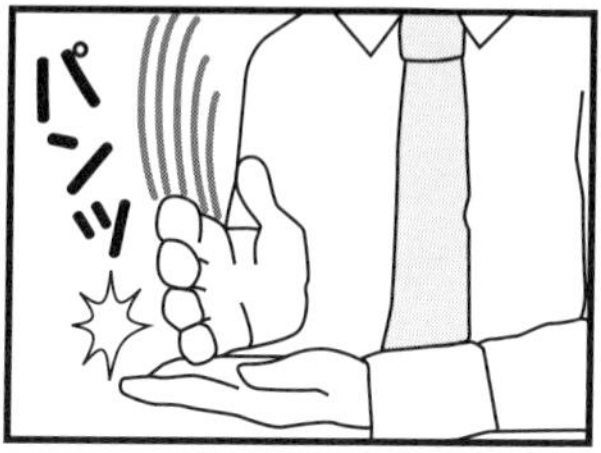

話のポイントを示し、熱意などを表す
［ケネディ・チョップ］

たとえば、ケネディのように手を上から下へと力強く振り下ろす動作は、話に力を加えるときに有効です。こうしたことを意識してやっていたかどうかはわかりませんが、彼はこの方法で自身の力強さを演出することに成功しています。

逆に、手のひらを上に向けて、手を下から上へとやさしく上げる動作は、温かみや包容力を印象づけます。このときの手の動きには力を入れず、やわらかい動きを表現するのがコツです。

このように、手の動きを加えると、話の内容に生き生きとした躍動感があふれ、相手に強い印象を残す効果があります。

Chapter3

相手に好感を抱かせる技術のキーワード

丁賞感関謝の法則

人間関係の構築と継続のために心がける5つの態度

よい人間関係を築きたい、良好なコミュニケーションをはかりたいと思ったら「丁賞感関謝の法則」を意識してみましょう。

この法則には、相手の「認められたい」という欲求を満たすコツが詰められています。人は、他人から認められたいという欲求を持っています。

「丁」は相手を丁寧に扱うこと。どんな相手にも敬意を払って接することが、コミュニケーションの基本です。そのために丁寧な言葉づかい、丁寧な態度での応対が求められます。

「賞」は相手をほめること。ほめられることで気分を害する人はいません。常に相手をほめることができるように、普段から話している相手のいい面を見つけていきましょう。

「感」は相手に感謝の心を持つこと。どんな人にも、どんな小さな事柄にでも感謝の気持ちを忘れず、「ありがとうございます」と、言葉に出して表すようにします。

心構え　いい関係を築くための5つの態度

丁

●丁寧な言葉と態度

目下に尊大、目上に卑屈になることなく、自信を持ち丁寧な態度を一貫してとろう。

賞

●常に相手をほめること

常に相手のいい面を探そう。特に相手の人間性をほめるといい。

感

●感謝の心を言葉に表す

感謝の気持ちを表に出すことで、自分も感謝される人間になれる。

関

●相手に対して関心を持つ

相手に関心を持つことでコミュニケーションは始まる。関心を持てば相手に伝わる。

謝

●自分に非がある場合は素直に謝る

余計な言い訳をせずに、率直に謝ることができれば、人間性の評価にもつながる。

「関」は相手に関心を持つこと。人は誰でも自分に関心を持ってもらいたいものです。相手に対して心から関心を持ち、その人の話を真剣に聞いたり、感動したりすることで、自分にも関心を持ってもらえるようになります。

「謝」は謝ることです。自分に非があるときに素直に謝ることができなければ、良好な人間関係は築けません。謝り上手な人ほどコミュニケーション上手といえます。自分のミスを他人のせいにしたり、場当たり的な言い逃れをしないことです。

常に「丁賞感関謝」の態度で人と接することができれば、人間関係はよくなります。

2つのバケツ

相手の心の中にあるバケツを、称賛で満たそう

アメリカの心理学者であるドン・クリフトンは、「すべての人間は、大きな心のバケツを抱えている」と人間関係の理論を唱えました。これは、人は誰しも、他人からの称賛、肯定、認知、関心の水を、心のバケツにためこみたいと思っているというものです。心のバケツがいっぱいであれば人は幸せになり、空になると不幸になるという理論です。

この理論を発展させると、人は2つのバケツを持っているということになります。ひとつは黄金の水をためこむバケツ。もうひとつは泥水をためこむバケツです。

黄金の水は、他人からほめられたり、評価されたりすると増えます。泥水は逆に、他人から非難されたり、悪口を言われたりすることで増えます。上司に仕事をほめられるなどして黄金の水がたまったら、上司に「これも課長のおかげです」と返して、上司のバケツにも黄金の水を注いであげましょう。それが、よい人間関係を保つことになります。

2つのバケツと水飢餓

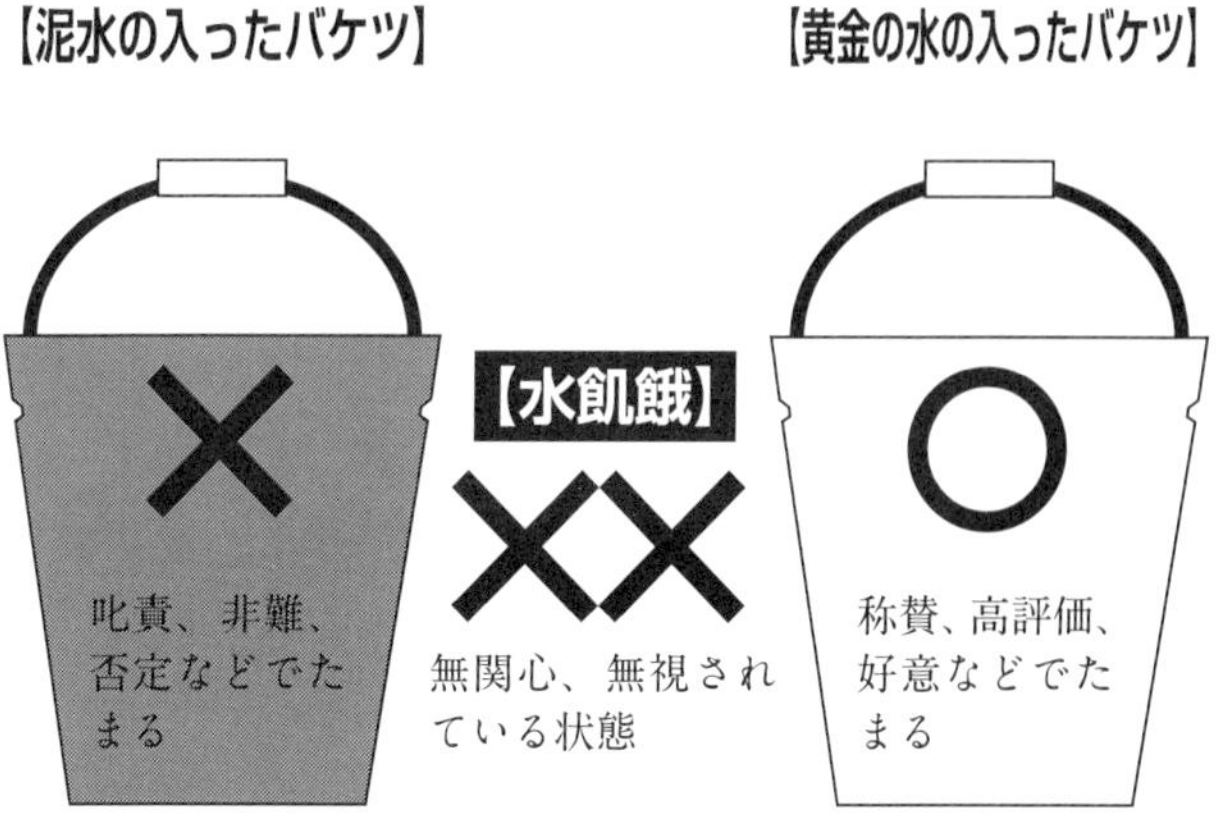

逆に、上司に叱責を受けた際に泥水がたまったからといって、開き直って反論したりすれば、双方の関係は悪化します。

もっとも深刻なのは、泥水のバケツすら空、という「水飢餓」の状態です。

人は称賛もされない、非難もされない、誰からも関心を寄せられない状態となると、泥水でもいいからバケツに水を注いでもらおうと考えます。

結果、わざと嫌われるようなことを言ったり、反抗的な態度をとったりするようになってしまいます。

常に他人に丁重に接し、相手のバケツに黄金の水を注げるよう心がけましょう。

自己重要感

相手の自尊心を満たすことが、信頼関係づくりにつながる

人間は根元的にスキンシップを求めているといわれています。でも、大人になるほど他人との身体的接触は難しくなります。それに変わって必要となってくるのが精神的接触、つまり心のふれ合いです。相手に関心を持ち、心と心のスキンシップを図るのです

人と触れ合うとき、最も大切なのが相手の自己重要感を満たすということです。人は、他人によく思われたい、他人から認められたい、称賛されたい、つまり、自分を重要な存在だと思ってほしいという欲望が何にも増して強いといわれています。

相手の自己重要感を満たす心地いい存在になることができれば、あなたはその相手から好意を得ることができます。だからこそ、相手に関心を寄せ、言葉や態度で示す必要があるのです。

会話例　相手の自己重要感を満たして交渉しよう

NG

「この帳票のダブルチェックをお願いできないでしょうか?」

「私も忙しいので無理だよ」

OK

「いつもお仕事が丁寧な○○さんにダブルチェックをしていただければ安心なのですが、お願いできませんでしょうか?」

「そうか、じゃあ帳票を貸しなさい」

「You are important.（あなたは重要な人だ）」
「You are necessary.（あなたが必要だ）」
「You are great.（あなたは素晴らしい）」という気持ちを率直に示しましょう。

相手を尊重し、称賛することで相手の自己重要感を満たせば、交渉ごとさえ有利に運ぶことができるのです。

交渉を成功させる秘訣は、その土台である人間関係をよい方向に築くことにあります。そしてよい人間関係を築く秘訣は、自分がどれだけ相手を重要だと思っているのか、必要な人物だと思っているのかを示し、相手に満足感を感じさせてあげることといえます。

SOS話法

人をほめるための3つのキーワード

人は誰でも、自分を評価してくれる相手に対して好意を持つものです。これを応用すれば、人に好意を持ってもらいたい場合は、その相手をほめればいいということになります。これは単純ですが、とても大切なことです。ほめ上手になれば、いい人間関係を築くことができます。SOS話法とは、ほめ上手になるための法則です。

Sは「すごいですね」。

Oは「驚きました」。

最後のSは「素晴らしいですね」。

この3つの簡単なキーワードを会話に織り交ぜることで、相手に気持ちよく話をしてもらうことができます。

ただし、見え透いたお世辞はかえって逆効果になってしまいます。相手が話したがって

心構え　相手をほめて気持ちよく話してもらおう

いることや、ほめてほしいと思っているポイントを読みとって、ほめるようにしましょう。

ほめるヒントとなる話を相手から引き出せないうちは、ほめるポイントを読み取るのが難しいかもしれません。しかし、ＳＯＳ話法を相づちに使うことで、相手の反応をうかがうことはできます。

人をほめるときは、人間的側面を取り上げるとより効果的です。「気配りができる」や「熱心な態度」など、垣間見える内面のよさをほめられると、人はうれしいものです。

普段から他人のいい面を探すように意識しておきましょう。

アイスブレーカー

用件に入る前に雑談をして、緊張した雰囲気を和らげる

初対面の人と話をするときは、誰でも緊張するものです。緊張したまま話をすると、その感情が伝わり、相手も緊張してしまいます。

これは心理学ではミラー効果と呼ばれています。お互いが緊張したまま話をしては、打ち解けた信頼関係（心理学ではラポールという）を築くことはできません。硬い雰囲気をやわらげる必要があります。

たとえ仕事上の取引相手との会話でも、用件しか話さない人は、冷たい人だという印象を与えてしまいます。

いきなり用件から話を始めるのではなく、まず雑談でくつろいだ雰囲気をつくり出しましょう。スポーツをするときの準備運動と同じように、会話のウォーミングアップをするのです。

会話例 相手の得意な話題をふって緊張をやわらげる

●緊張した空気 「△△商事の佐藤と申します」
「田中です。よろしくお願いいたします」

↓

●アイスブレーカー 「佐藤さん、きれいに日焼けされてますね。何かされているのですか？」
「趣味でサーフィンをしています」
「スポーツマンでいらっしゃるのですね」
「体力には自信があるんです」

↓

●温かいムードで商談へ 「それは頼もしいですね。ところで例の件ですが…」

緊張していた雰囲気を、氷を溶かすように温かいムードに変えていく会話が、アイスブレーカーです。会話の内容は、政治や宗教、第三者の悪口などではなく、なるべく楽しいものにすることです。休日の話や家族の話、映画やスポーツの話などをすることで、徐々に信頼関係が生まれます。

相手にリラックスを促すために、なるべく相手に話をさせるようにして、自分は聞き役に徹するのも方法のひとつです。

こうした雑談のなかから出てくる、相手の趣味や好きな食べ物などをほめたり、自分も好きだと伝えてみたりすることで、相手に親近感を抱いてもらうことも可能となります。

テ・ニ・ス

どんな人とでも会話を続けられる雑談ネタの3本柱

深刻な話より、雑談や世間話のほうが、会話は盛り上がるものです。仕事上の取引やお付き合いの場面での本筋とは関係のない無駄話であっても、それがお互いの距離を狭める効果的な役割を果たします。

しかし、相手が初対面の人であったり、苦手な人であったりすると、会話が途切れて沈黙が続いてしまうような場面はいくらでもあります。

そんな時のために、雑談ネタの三本柱は「テ・ニ・ス」であると覚えておきましょう。

まず「テ」は、天気。当たり障りのない雑談のオーソドックスなネタとして、誰でも、いつでも使えるものです。

次の「ニ」は、ニュース。ポイントとなるのは、誰もが知る内容であることです。凶悪

雑談の話題はテ・ニ・ス

テ

●天気

万能な当たり障りのない雑談ネタ。「日に日に暖かくなりますね」など

ニ

●ニュース

政党など支持者かどうかで意見が分かれる話題や悲しいニュースより、明るく気軽に話ができる話題を選ぶ。

ス

●好きなこと

相手の趣味や嗜好を知っているのなら、相手に合わせる。わからない場合は、自分の趣味や好きなスポーツの話題などをして相手の反応を見る。

な犯罪事件より、たとえば流行語大賞や、芸能人の結婚、話題となっているアイドル歌手のことでもよいでしょう。選ぶ素材は人が明るくなるような内容のものが望ましいです。

最後の「ス」は、好きなこと。自分の趣味や好きな食べ物、スポーツなどの話題は事欠かないでしょう。これに相手が反応してくれて、しかも相手も自分と同じものが好きだとわかったとたんに、会話はうんと弾みます。

ほかにも、自分の失敗談や悩みを打ち明けるなどのテクニックもありますが、慣れないうちは「雑談はテニス」と覚えておけば、間違いないでしょう。

ああもうけたか

人の心をつかむ話に盛り込む7つの要素

世の中には、説得力のある上手な話し方のできる人がいます。いわゆる成功する人というのは、こういうタイプが多いようです。会社員であれば上司をうまく説得できる人、セールスマンであればお客様をうまく説得できる人、上司であれば部下をうまく説得できる人などです。

こうした話し方のコツがつかめれば、仕事がグンと楽しくなってきます。ところが、自分は口下手だからそんなにうまく説明するなんて無理だと、諦めてしまっている人が多いように思います。

実は、こうした話し方は、ほんのちょっとしたコツさえつかめば、誰にでもできるものなのです。

人の心をとらえる話に盛り込まれている7つの要素をまとめたキーワードが「ああもう

ああもうけたか

- **あ**　明るい
- **あ**　新しい（今日性）
- **も**　物語性
- **う**　嬉しい（聞き手が嬉しくなるような話）
- **け**　決意
- **た**　楽しい
- **か**　感動

けたか」です。このキーワードは、上手な話の要素の頭文字をとったものです。「あ」は明るい。もうひとつの「あ」は新しい（今日性）。「も」は物語性。「う」はうれしい（聞き手が喜ぶような話）。「け」は決意。「た」は楽しい。「か」は感動です。

思い出してみてください。もしあなたの心に残る話があったなら、その話には、必ず「ああもうけたか」の7つの要素が含まれていたはずです。

これから、あなたが人に何かを話す際には、これらの要素を意識してみてください。相手の反応は劇的に変わるはずです。

セルフ・ディスクロージャー

自分をオープンにすることで、相手も心を開いてくれる

セルフ・ディスクロージャーとは、自己開示という意味です。

偽りの自分、相手によく見せようと思う自分、人からこう思われたいという気持ちは、すぐに見抜かれてしまいます。自分をオープンにさらけ出すことで、相手の自分に対する警戒心をほぐし、共感ゾーンを広げることができます。

自分をさらけ出すには、自分のことを話すことです。

ただし、自慢話をしてはいけません。相手がその話に興味がなかったら退屈させるだけですし、そうでなくても、人の自慢話はあまりおもしろいものではありません。むしろ失敗談の方が効果的です。あるいは家族の話、悩み、将来の夢を語るのもいいでしょう。

自分の人間的側面を見せることによって、信用しているというサインを相手の心に送るのです。すると相手も心の扉を開いてくれます。

会話例　自分をさらけ出して親しくなろう

「最近どうだ、調子は?」

「失敗して叱られてしまいました」

「なんだ、またか。まあ俺だって昔は相当鍛えられたもんだ」

「同じ失敗をしてしまうんです。どうしたら、ミスを繰り返さなくなるんですか?」

「そうだなあ、俺の場合は……」

とはいっても、自分の話をしすぎてはいけません。あくまで自分の話は相手の心を開く鍵として用いるのです。

相手がうれしそうな反応をしたり、話を引き取って話を続けてくれるようなら、そこからは聞き役に回って相手に話をさせましょう。

自分は決して自慢話をしてはいけませんが、相手には自慢話をさせるのがポイントです。相手の自慢話には心から関心を寄せ、驚いたり感心したりと、態度で示すようにしましょう。

そうした素直で肯定的な反応を示すことによって、相手の心を徐々に開かせることができるのです。

アンカリング

相手の心地よい記憶をくすぐる会話テクニック

昔聴いていた曲が流れたり、懐かしい匂いを嗅いだりすると、その当時を思い出すことがあります。この時、音楽や匂いがアンカー（錨）の役割を果たし、その人の記憶を呼び起こすのです。

このように、会話の中でアンカーを仕掛けるテクニックをアンカリングといいます。

たとえば誰かと話したときに、ＳＯＳ話法などを使ってほめて、相手をいい気分にさせます。

次に会ったときに、前回ほめたときと同じ話題を持ち出すと、相手はほめられたときのことを思い出して、同じようにいい気分になります。

アンカーはどんなことでもかまいません。

ゴルフが好きな相手なら、ひとしきり盛り上がったことのある「ゴルフの話」ですし、

会話例 アンカーでいい気分を呼び起こそう

NG

「前回はどんな話をしたんだっけ?」

「前回はあまり仕事の話ができなかったので、今日は仕事の話をしましょう」

OK

「前回はどんな話をしたんだっけ?」

「ゴルフのお話をうかがいました。とても楽しかったですよ。最近行かれましたか?」

「そうなんだ。コンペで優勝しちゃって」

「すごいですね! やっぱりお上手ですね」

「それほどでもないけど、この間も…」

息子自慢の相手にとっては、「息子の話」がアンカーになるでしょう。

相手のいい記憶を引き出すためのアンカーを、あなたが覚えておくことも大切です。

そのためにも、最初に相手と会ったときには、会話のなかから必ずほめるポイントを見つけて、相手を喜ばせることができるよう努めましょう。そして、次回会ったときのために、どんなことで相手が喜んだのかを覚えておきます。

会う度にこのアンカリングを使えば、「この人はいつもいい気分にさせてくれる」という印象を与えることができ、人間関係も非常によいものになります。

第三者を利用したほめ

自分以外の人の言葉をつかって相手をほめる

これまで見てきたように、人は他人から認められたり、ほめられたりすることを本能的に求めています。この欲求を満たしてあげることは、相手から好意を持たれることにつながりますが、その一番の方法は「ほめる」ことです。その人の人となりをほめるのもいいですし、勤めている会社の業績をほめるのも効果的です。

しかし、こうした「ほめ」は、おべっかやごますりのようでやりたくないという人もいるでしょう。そんな人におすすめするのが「第三者を利用したほめ」です。

これは、その名のとおり、相手と自分以外の人を使ってほめるというやり方です。直接に相手をほめるとご機嫌とりと思われかねませんが、その場にいない第三者が相手の知らないところでほめていたということを告げられて、悪い気のする人はいないでしょう。

たとえば、「◯◯が、きみのつくった報告書を『すごくわかりやすい』とほめていたなぁ」

第三者を利用したほめ

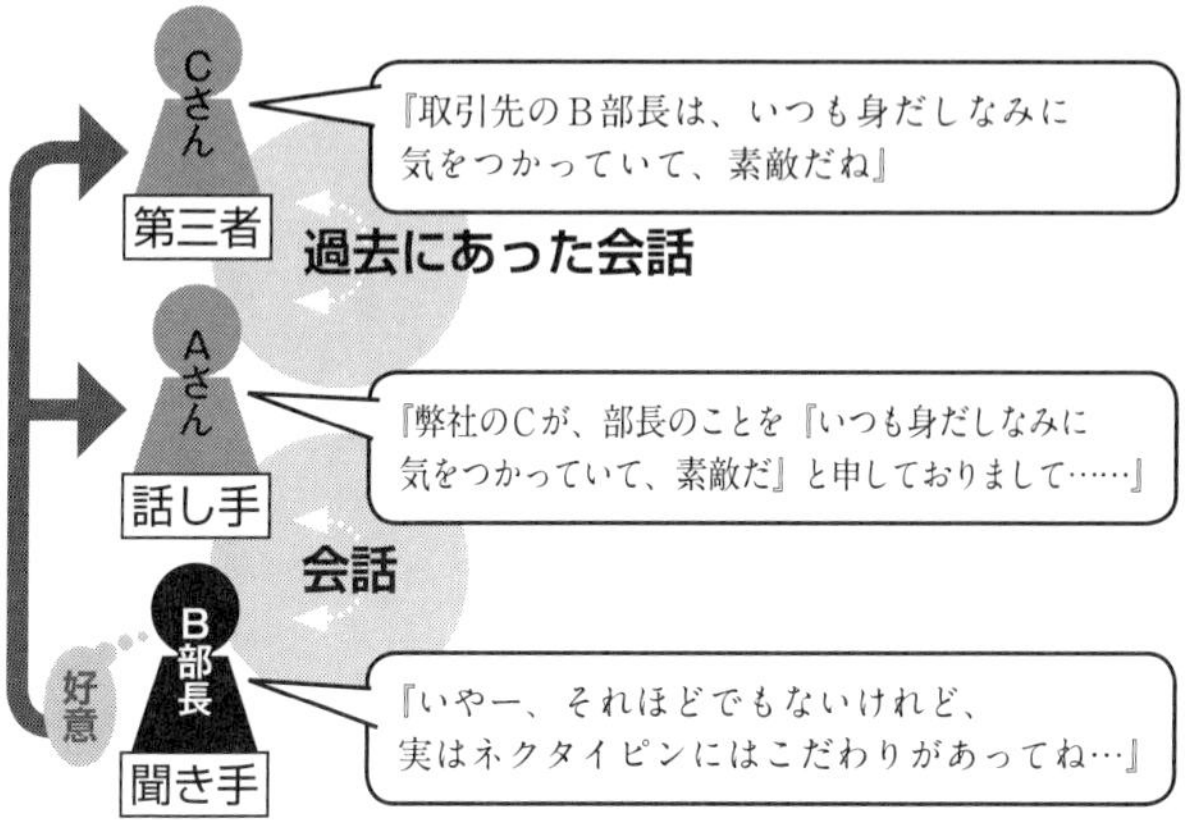

Cさん
第三者
『取引先のB部長は、いつも身だしなみに気をつかっていて、素敵だね』
過去にあった会話
Aさん
話し手
『弊社のCが、部長のことを『いつも身だしなみに気をつかっていて、素敵だ』と申しておりまして……』
会話
B部長
聞き手
好意
『いやー、それほどでもないけれど、実はネクタイピンにはこだわりがあってね…』

とか、「弊社の女子社員が、部長のことを二枚目俳優の△△に似ていると騒いでいましたよ」といった感じです。

ほめられたほうは、それを教えてくれた相手だけでなく、ほめていた第三者に対しても好意を持つことになります。

ですから、さまざまな場面でさまざまな人を「ほめる」習慣をつけておくと、あなた自身もその誰かから「好意をもたれる第三者」になることができます。

つね日ごろから目の前にいる人だけでなく、さまざまな人のよい点や感心した点を口に出してほめる習慣をつけましょう。

Chapter4

会話を弾ませる
聞き方のキーワード

80：20の法則

会話は相手に80％話をさせる。自分の話は20％で十分

人は誰でも、自分に関心を持ってもらいたい、自分の話を聞いてもらいたいという欲求を持っています。

これは近代、臨床心理学や精神分析においても証明された、人間にとってとても強い欲求だとされています。一説によれば、生きていくためには食事よりも重要な欲求だといわれています。

つまり、人は常に話を聞いてもらえる相手を探しているといってもいいでしょう。

これを会話テクニックに応用してみましょう。

相手に好かれたいと思えば、とにかく相手の話を徹底して聞くようにすると、相手の欲求を満たすことができます。

相手の話す時間をユア・タイム、自分のことを話す時間をマイ・タイムといいますが、

会話例 上司が旅行帰りで真っ黒に日焼けしている

NG

「グアムにダイビングに行ってね」

「私も休みに旅行に行ったんですよ」

OK

「グアムにダイビングに行ってね」

「そうなんですか。いかがでしたか?」

「楽しかったよ。海はきれいだし、のんびり過ごせたし…」

会話を弾ませ、人間関係をよくするには、マイ・タイムよりもユア・タイムを多くすることが大切です。

好かれたいと思う相手と話すときには、ユア・タイムを全体の80%、マイ・タイムは全体の20%程度でよいと心得ましょう。相手の話したいという欲求を満たすことで、相手にとって気持ちのよい会話の時間を提供することができます。

相手に話をさせるだけでなく、相手の話に心から関心を持っていることを示すことも重要です。適度に相づちを打ち、こちらから具体的な質問をしてみたりすることで、相手が気持ちよく話ができる状況をつくりましょう。

アクティブリスニング

「傾聴している」というメッセージが相手に伝わるように聞く

人は自分の話を聞いてくれる相手に対して好感を持ちます。

この心理を利用して、いい人間関係を築きたいと思っている相手に対しては、なるべく聞き役に徹するようにしてみましょう。

そのうえで、相手に「傾聴してくれている」と感じさせるテクニックを使うのです。

「傾聴している」という態度を積極的に示すことをアクティブリスニングといいます。

アクティブリスニングの具体的な方法は、まず視線を合わせること。しっかり見ていることが相手に伝わると、より真剣味の加わった形で「傾聴している」というメッセージを送ることができます。

次にうなずくこと。うなずくことがコミュニケーションにとって大きな効果を発揮することは、心理学的にも証明されています。

会話例　聞いているというメッセージを送ろう

「この件の予算をもう少し削減したいんだ」

「なるほど」

「人員の削減は可能だな」

「そうですね。可能だと思います」

「それなら予算も削減可能ということだね」

「確かに。ではもう一度確認して、見積りを出してみます」

少しオーバーなくらいでもかまいませんので、「あなたの話を聞いています」というアピールをしましょう。聞き流しているような態度はとらないように注意しましょう。「ええ」「なるほど」といった相づちも有効な手段です。

また、ケースにもよりますが、質問をしたり、メモをとったりといった積極的な行為も効果的です。

こちらが話に興味を持って聞いていることが伝われば、相手は非常に話しやすくなる上に、饒舌になっていろいろな情報を提供してくれたり、交渉ごとがスムーズに進んだりすることにもつながります。

相づちは「二度うち」

相手を肯定している気持ちを強く表す方法

人には誰でも、自分に関心を持ってもらいたい、認めてほしいという強い欲求がありま す。この心理をうまくいかすことで、あなたは相手に好意を持ってもらうこともできます し、相手との会話も弾むようになります。

ここで紹介するテクニックも、こうした人間心理を応用したものです。

人は、自分を肯定してくれる人に好意を持ち、反対してくる人には敵意を持ちます。こ のことから、自分の話に賛成の意味の相づちをうってくれる人に好感を持つということは、 当然といえるでしょう。

そこで、相手の意見に対して、ただ相づちをうつだけではなく、意識して二回うってみ ましょう。たとえば、相手の話に対して「そうですね」とそっけない相づちをするのでは なく、「そうですね、そうなんですよね」と二度相づちをうつのです。一度うつよりも強

相づちは二度うち

△『なるほど…』

◎『なるほど、そうですか。おっしゃるとおりですね』

△『はい…』

◎『はい、承知しました。ありがとうございます』

△『それで？…』

◎『それで？ それから、どうなったんですか？』

調されて相手に伝わります。

さらに「そうですね！ 絶対そうですよね！」「いいですよね！ 本当にいいですよね！」と力を込めて賛成すると、心理効果もより大きくなります。

このようにされて気を悪くする人はいません。自分の話を熱心に聞いてくれて、見解に賛成してくれるのですから、「もっとこの人に自分の意見を話したい」という気になってくれることでしょう。

あなたが相手の話を傾聴していること、関心を持っていること、賛成であることを、はっきりと示すことが大切なのです。

コミュニケーション・スターター

さまざまな相手への第一声に使える万能型の質問を常に用意！

初めて会った人との会話はギクシャクしてしまうものです。あいさつを交わした後や、1つの話題に区切りがついた後など、その場が沈黙してしまうと、お互いになんとなく気まずい時間が流れてしまいます。

そんなことにならないように新しい会話をスムーズに始めるためには、第一声を工夫するようにしてみましょう。

とはいえ、その場で臨機応変に気の利いた言葉を探そうとしても、そうそう都合よく思いつくものではありません。

そんなときに使えるのがコミュニケーション・スターターです。その場で深く考えなくてもすぐに使える、あらかじめ用意しておく万能型の小さな質問のことです。

小さな質問とは、誰に対しても使える上に、相手を傷つけない内容のものです。たとえ

質問例　どんな場面でも使える小さな質問

- すてきなお名前ですね。
  どのような字を書くのですか?
- （背が高いですね）学生時代、
  何かされていたのですか?
- お休みの日は何をされているのですか?
- ご出身はどちらですか?
- このお仕事は長くされているのですか?

ば、「ご出身はどちらですか?」「お仕事は何をされているのですか?」といったものが挙げられます。

こちらが一方的に話すというよりも、相手から話してもらえる質問がベターでしょう。「1つだけおうかがいしてもよろしいですか?」という質問も立派なコミュニケーション・スターターです。

質問をすれば、自然に話し手は相手へ移ります。話せば話すほど相手は気分をよくし、その結果、情報も手に入りやすくなります。

そうして相手に話をさせるなかで、あなたは自分と相手の共通点を見つけて、話をもっと広げていけばよいのです。

オープン質問

相手に自由に話をさせて会話の糸口を見つける

会話をスムーズに進めていくためには、相手に気持ちよく話してもらう雰囲気づくりが必要です。

つまり、あなたはいかにして聞き上手になるかということです。

上手な聞き方のなかでも効果的なものの1つが、「質問」です。

質問というのは、こちらが知りたいことを相手にたずねるためだけに使うものではありません。

質問をして内容を詳しく聞くことで、相手の話に興味を持っていることを示すこともできますし、相手に話をしてもらうために質問のかたちで話のバトンを渡すこともできます。

そうやって、相手に気持ちよくどんどん話をしてもらうことで、会話も弾みますし、相手との人間関係もよくなっていきます。

会話例　オープン質問で話を広げよう

「この夏、ヨーロッパに行かれたそうですね?」［クローズド質問］
「ええ、そうなんですよ」
「ヨーロッパはいかがでしたか?」［オープン質問］
「思った以上に、街の雰囲気が日本と違っていて〜」
「天気はどうでした?」［オープン質問］
「ええ、おかげさまで〜」
「食事はいかがでしたか?」［オープン質問］
「食事もおいしかったですよ〜」
「どんなお土産を買ってきましたか?」［オープン質問］
「フランスでは〜、それとスペインでも〜」

質問の形式には大きく分けて2つあります。オープン質問とクローズド質問です。ここではオープン質問についてご説明しましょう。

オープン質問とは、その名のとおり「開かれた質問」のこと。こちらの問いに対して、相手が思うところを好きなように答えられる質問のことです。

たとえば「週末はどうお過ごしでしたか?」というような、相手が自分の感想も含めて幅広い回答ができる質問のことをいいます。

このような聞き方をすることで、相手は自分が話したい内容を気持ちよく話すことができるのです。

クローズド質問

イエスかノーかで答えてもらう、意思確認の最短距離

前項で紹介したオープン質問と対をなす質問形式が、「クローズド質問」と呼ばれるものです。

クローズド質問は、相手にイエスかノーかで答えてもらう内容の質問のことです。このような簡単な質問から会話のきっかけをつくっていきます。

クローズド質問の特徴は、こちらの質問に対して、すぐに相手の意思を確認できることです。答えがイエスか、ノーかしかないので当然です。

しかし、それでは、その中身まで深く知ることができません。

そこで、「つまり、～ということですか？」という質問に対してイエス／ノーがわかったら、今度は、「どういうことですか？」といった、相手が自由に答えられるオープン質問を織り交ぜていくのです。

クローズド質問とオープン質問を使い分けよう

クローズド質問

●相手がＹＥＳかＮＯで簡単に答えられる質問で会話のきっかけを作る

↓

オープン質問

●相手が自由に話せる質問で話題を広げられる

↓

クローズド質問

●区切りのいいところで相手の意思を確認する
●相づち代わりに使って会話にメリハリを出す

そうすると、クローズド質問では輪郭しかわからなかった相手の意思や本当の気持ち、そこに至った経緯などを詳しく教えてもらうことができて、会話に弾みがつきます。

逆にオープン質問だけでは、会話の向かう先は相手次第になってしまいます。

ですから、クローズド質問で相手の考えを確認しながら、新しいオープン質問で会話をコントロールしていきます。

つまり、会話においては、このクローズド質問とオープン質問とをうまく組み合わせることで、会話にメリハリをつけることが大事なのです。

Dで始まる質問

相手の話を引き出しながら、内容も理解しやすくする質問

質問をするということは、相手に話をさせるという目的の他に、相手から情報を引き出して、話を理解しやすくするというもう1つの重要な役割があります。

そこで有効なのが「Dで始まる質問」です。「どこで」「誰と」「どうして」「どうやって」「どんな」といった質問です。

これらの質問を組み合わせることで、話の骨組みを明らかにするのです。相手から、いろいろな角度からの情報を引き出し、それらを整理すると、論理的に話を理解することができます。

「Dで始まる質問」はオープン質問であるため、相手はイエス・ノーではなく、自由な表現で話をすることができます。特に「どんな」や「どうやって」「どうして」といった質問は、話も広がりやすく、相手もスムーズに楽しく話すことができます。

質問例 Dで始まる質問群を常に用意しておこう

「先月旅行に行ってきたんだ」

- **どちら**に行かれたのですか？
- **どなた**とご一緒に行かれたのですか？
- **どうして**そこを選んだのですか？
- **どう**でしたか？
- **どんな**ところでしたか？

「Dで始まる質問」に、「いつ」と「何を」を加えると、話の基本的な骨組みを構成する5W1Hになります。

話の骨組みを明らかにする質問をDの頭文字で覚えておけば、ビジネスの重要な場面でも非常に有効です。

商談や会議では、雑談以上に相手の話を整理しておく必要があります。

あらかじめ「Dで始まる質問」を用意しておいて、相手の話で5W1Hの抜けた箇所やわからない箇所が出てきたときはこの質問で確認し、話を補いながら整理して聞くことができるのです。

リフレクティング

「おうむ返し」で会話をスムーズに続ける

相手が初対面であったり、無口な人だったりすると、会話がうまく続かず、たびたび沈黙の時間が流れてしまうことがあります。そんな場合はどうすればよいのでしょう。

こういったときに会話を簡単に続けられるようにするテクニックがあります。それは、リフレクティングという方法です。

たとえば「いいお天気ですね」と相手に言われたら、そのまま「本当にいいお天気ですね」と繰り返すのです。

リフレクティングは、相手の言葉をオウムのように繰り返すところから、別名「パロッティング」とも呼ばれます。パロットとはオウムのことです。

もちろん、漫然と相手のいう言葉を繰り返すのではなく、「本当に」などとつけ加えた

会話例　リフレクティングなら無理なく会話を続けられる

「いいお天気だね」

「本当にいいお天気ですね」

「週末までこの天気が続くみたいだよ」

「週末もいいお天気なんですか」

「実はこの週末にゴルフコンペがあってね」

「ゴルフコンペですか。課長、お上手ですものね」

「そうなんだ。ちょっと狙っていこうかと～」


りすることはありますが、基本的には相手の言葉をそのままなぞって使えばいいだけですから、返事につまることはありませんし、相手の言葉とあなたの相づちとの間に、変な間ができてしまうこともありません。

また、相手の言葉を繰り返しているうちに、次の質問を考える時間的な余裕も生まれてきます。こちらが投げかけた質問には、相手は必ず答えてくれるという性質があるので、会話が途切れることはありません。

これを繰り返していけば、次から次に言葉が飛び交い、会話をどんどん続けていくことができるのです。

タグ質問

リフレクティングと組み合わせる、ワンランク上のテクニック

前項で紹介したリフレクティングは、相手の言葉をそのまま繰り返して使うという手法でした。

ここではリフレクティングをさらに効果的にするテクニックを紹介します。

それはタグ質問と呼ばれるものです。

タグとは、洋服などについている小さな札のこと。値段やサイズなど、商品のちょっとした付加情報を記載してあるので、おなじみでしょう。

タグ質問は、その言葉の意味どおり、リフレクティングに小さな質問を付加して、相手に返すテクニックのことをいいます。

たとえば、相手が旅行に行ったという話をしてきた場合に、「旅行に行かれたんですか」と相手の言葉を繰り返すのがリフレクティングです。

会話例　相手の言葉を繰り返した後に質問する

「先週旅行に行ったんだよ」

「旅行ですか。**どちらに行かれたのですか?」**

「イタリアで本場のオペラを観たんだ」

「イタリアでオペラですか。いいですね。

本場のオペラはいかがでしたか?」

↑
タグ質問

タグ質問は、このように返したうえで「いいですね。どちらに行かれたのですか」というように、相手の話を広げる質問を投げかけるのです。
相手の言葉を繰り返して返すだけでなく、こうしたプラスワンの質問を時折つけ加えることによって、相手との会話のキャッチボールを飛躍的にスムーズに展開させることができるようになります。
このようにリフレクティングとタグ質問を組み合わせることで、初対面や無口な人を相手にした会話でも、途切れて気まずくなることもなく、スムーズに会話を続けることができるようになるのです。

会話誘導質問

自然な会話の流れの中で、相手の話を引き出す質問術

ここまで紹介してきた、リフレクティングとタグ質問を組み合わせると、相手の話したいことや関心のあることを引き出して、会話をしやすい雰囲気をつくり出すことが可能です。そのうえ、自分の狙った方向へ相手の話を引き出す会話誘導テクニックとしても使えます。

自慢話や聞いてほしい話というのは、内心では話したくてうずうずしていても、自分からは切り出しにくいものです。

しかし、こちらは相手の話したいことを気分よく話してもらって会話を続け、よい人間関係を築きたいのですから、うまく相手から話を引き出すテクニックが必要です。

相手の感情を害する恐れのある、あからさまなお世辞は極力避け、あくまで会話の流れの中で、いかに自然に相手に話をさせるかがポイントです。

会話例 自慢話を引き出す誘導ワードで質問する

●取引相手が購入した新車の自慢話を引き出す

「今日はいい天気ですね。こんな日は**どこかに行きたく**なりませんか？」
「そうだな。海にでも行きたくなるな」

↓

「海、行きたいですね。部長は、お休みの日にはよく**お出かけ**されるんですか？」
「最近は**ドライブ**なんかに行くよ」

↓

「**ドライブ**ですか。そういえば、新車を買われたそうですね？」
「そうなんだよ。××社製なんだ」

そのためには、相手の情報を事前に収集して準備しておくことも、円滑なコミュニケーションを図る上での重要な要素です。

そして、リフレクティングで会話を続けながら、タグ質問で引き出したい話につながる誘導ワードを投げかけ、こちらが意図した方向へ会話を誘導していくのです。

相手からキーワードが引き出せたら、その言葉をリフレクティングで繰り返して、そこから話をさらに広げていくことができます。

相づちを打っているだけのように見えて、会話をコントロールするという会話の高等テクニックです。

バックトラッキング

相手の話を要約してみせ、「傾聴していた」ことを伝える

話を聞くときの態度で重要なのは、相手に「きちんと聞いていますよ」というメッセージを伝えることです。そうすることで、相手は安心して話を続けることができます。「聞いていますよ」という態度をより明確に相手に示す方法が、バックトラッキングというテクニックです。

バックトラッキングは、相手の話を最後まで聞いた後で、「つまり、こういうことですね。まず……次に……最後に……」と要約して復唱するのが基本です。相手の話が少し長いと感じた場合、話の途中で「つまり……ということですね」と短くバックトラックすると、話を整理して理解できるというメリットもあります。

このように、要約して復唱することで、相手の話をしっかり聞いていたことを伝えると同時に、会話が途切れるのを防ぐ役割や、話の内容の確認という側面もあるのが特徴です。

会話例　バックトラッキングが信頼感を生む

「……予算が……人員も……納期についてもちょっと考えたいな」

「なるほど。まず予算、次に人員、そして納期の点が懸念されている点ですね?」

「そういうことだね」

「では、一度社に戻って、これらの点について確認いたします」

また、ポイントを的確に押さえたバックトラックができれば、「頭がいい」という印象を与え、相手からの信頼感を増すことにもつながります。長い商談や会議などではメモをとってそれを見ながら要約することもできますが、それ以外のケースでも、常にバックトラックできるように、相手の話を頭の中でまとめておくとよいでしょう。

バックトラッキングのコツとしては、話の内容のうち、５Ｗ１Ｈ（いつ・誰が・何を・どこで・なぜ・どのように）を常に意識しておくことが挙げられます。そうすることで、具体的なイメージを描きながら話の全体像をつかむことができます。

Chapter5

相手と違う自分の意見を受け入れてもらうためのキーワード

クッション話法

相手の主張はけっして否定せず、やわらかく受けとめる

人は他人の考えを聞くと、思わず「いや、それは……」とか「そうじゃなくて……」などと否定し、代わりに自分の考えを押しつけたがるものです。

しかし、相手の意見を頭ごなしに否定するのはよくありません。否定された相手は、もう話したくなくなってしまいますし、よい人間関係をつくるのも難しくなります。

ですから、常日ごろから相手の話を肯定的に受けとめる姿勢を意識して身につけておくことが大切です。

しかし、何から何まで相手のいいなりになって服従するわけではありません。自分が「違う」と感じていることまで肯定するのではなく、ストレートに言葉や態度に出して拒絶しないということです。

では、相手に反対意見を述べたいときにはどうすればよいのでしょう。

会話例　相手の反論を否定せずに受け止めよう

NG

「この商品ちょっと高いんじゃないの?」
「そんなことありません。品質は保証します」
「品質はよくてもやっぱり高いよ」

OK

「この商品ちょっと高いんじゃないの?」
「確かに私もちょっと高いと思います。だからこそ品質に自信があるのです」

＜クッション話法＞

こんなときに活用できるのが、クッション話法です。いったん相手の意見をやわらかく受けとめた後、相手とは別の切り口から自分の意見を伝えるのです。

たとえば、「この商品は高い」という相手の発言に対しては、「高くないです」と否定するのではなく、「確かに私もそう思います」といったん同意する態度を示した後、「だからこそ品質には自信があります」と返すと、相手に賛成するのと同時に、自分の主張をやわらかく伝えることができます。

相手の考えをクッション話法でやわらかく受けとめることで、相手もこちらの意見に耳を傾けやすくなるわけです。

イエス・アンド法

相手とは違う自分の意見を、肯定的に伝えるテクニック

あなたとは違う考えや意見を相手が述べたとしても、頭ごなしに否定するのは、よくありません。前項で紹介したクッション話法のように、いったん、やわらかく肯定的に受けとめてあげるようにしましょう。

そして、その後に、あなたが自分の考えや意見をどう述べるかが、非常に重要です。

まず、相手の意見をクッション話法で受けとめます。しかし、その後すぐに「でも」や「しかし」といった否定的な接続詞を使ってあなたの意見を述べると、結局は相手の意見を拒絶したことになってしまいます。これは「イエス・バット法」と呼ばれるものです。これではクッション話法の効果がなくなってしまいます。

そこで、相手の意見を受けとめた後は、「そして」や「実は」、「だから」などの肯定的な接続詞を使ってみましょう。

会話例 イエス・アンド法で意見を主張しよう

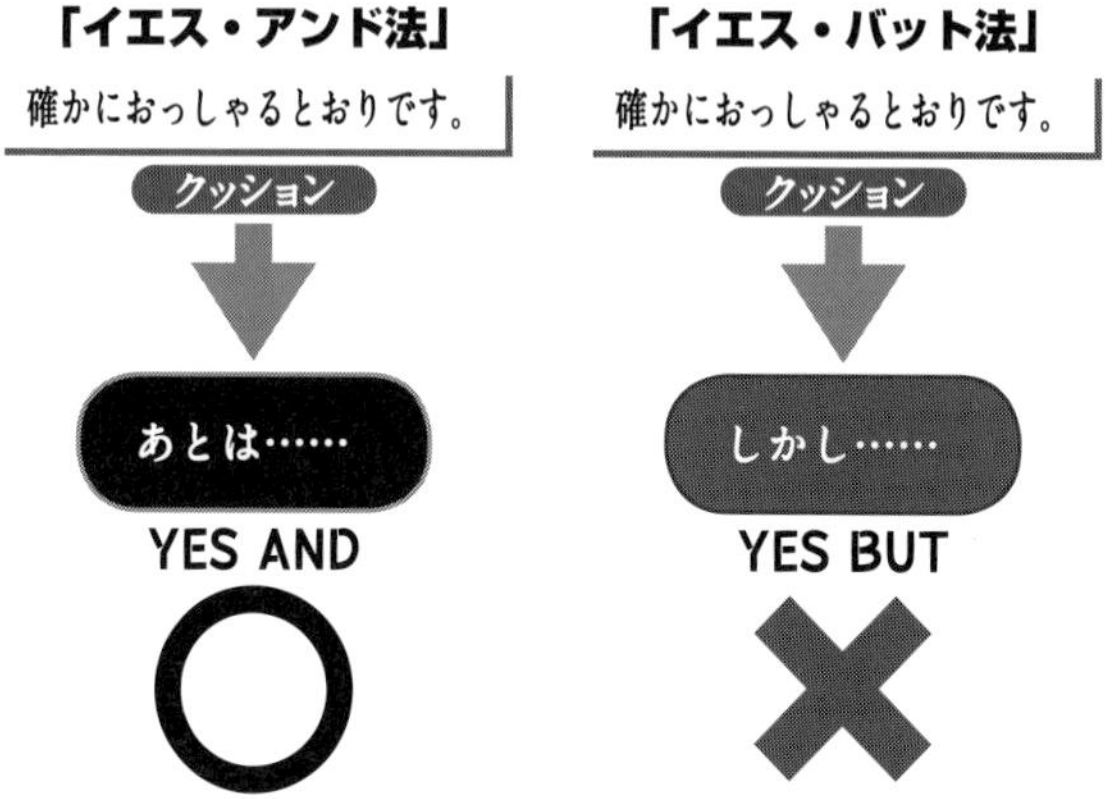
「イエス・アンド法」
確かにおっしゃるとおりです。
クッション
あとは……
YES AND
「イエス・バット法」
確かにおっしゃるとおりです。
クッション
しかし……
YES BUT

これが「イエス・アンド法」です。こうすれば、相手の意見を肯定した流れのまま、あなたの持っている異論を相手へ伝えることができます。

イエス・アンド法のポイントは、相手の意見をやわらかく受けとめて認めた上で、それにプラスアルファして自分の意見を述べるというところにあります。

「でも」や「しかし」といった否定的な接続詞を使わないだけでも、相手へ与える印象はガラリと変わるものです。

そして、あなたの意見を述べる場合も、相手の主張と並べて検討できるような選択肢として示すなどの工夫をしましょう。

ＣＥＲ話法

相手の意見を否定せず、具体例と理由を述べて主張する

あなたとは意見の違う相手を即座に否定してしまっては、いい関係を築くことができなくなってしまいます。

仮にあなたが、自分の主張を押し通したところで、相手の気分はよくはないでしょうから、その後の両者の関係はギクシャクしたものになるか、最悪の場合はけんかわかれのようになってしまうかもしれません。

そうならないように、考えを異にする相手を納得させて、こちらの意見に引き寄せることが必要です。

そこで有効なのがＣＥＲ話法です。

相手を受けとめ（Cushion）、あなたの意見について具体例を挙げ（Example）、理由づけを行う（Reason）ことです。「反論克服法」ともいわれ、論理的かつアサーティブに自

会話例　相手の意見を受け止めて自分の主張をしよう

「お昼に中華料理を食べに行かない?」

NG

「洋食がいいな。行きたい店があるから、中華はまた今度にしよう」

OK

クッション

「中華料理か、いいね」

具体例で主張

「ところで洋食もいいんじゃない?」

理由

「新しくオープンしたお店がおいしいって評判なんだ」

分の意見を主張する方法です。

この話法を使って戦略的に、自分の主張を相手に納得してもらいましょう。

この話法では、まず、反対意見を持つ相手の主張を、クッション話法で受けとめます。

その後、具体的な例を挙げながら、あなたの主張を伝えていきます。

なぜ相手と意見が違うのか、その例が具体的であればあるほど、説得力を持ち、相手を引き込みやすくなります。

そして、なぜ自分はそう思うのかという理由は最後につけ加えるのです。主張の根拠がわかると、相手はさらに納得しやすくなるでしょう。

Iメッセージ

「あなたはこうだ」ではなく「私はこう思う」と伝えよう

自分の意見を相手に伝える際、主語が「あなた」になる場合をYOUメッセージ、「私」になる場合をIメッセージといいます。

たとえば、部下に「お前は～だ」と叱るのはYOUメッセージになります。

このYOUメッセージには、相手に対する非難や、相手の行動を変えたいという気持ちが込められていることが多いものです。これでは相手を怒らせてしまったり、傷つけてしまったりすることがあります。

一方、「私はこう思うけど、あなたはどう思う？」と相手の考えを聞くのは、Iメッセージになります。

そうすると、叱る際にも自分の場合に置き換えて述べて、相手自身に考えさせるような内容となります。相手の言動や行動に対し、自分が相手の立場ならどう感じ考えるのか、

会話例 相手の立場に自分を置き換えて伝えよう

NG

「最近遅刻が多いぞ。もっと自分を管理しろ」

OK

「遅刻というのは、時間の管理が甘いのではないかと思うが、君は何が原因だと思う?」

「確かに、時間の管理と自己管理の甘さが原因だと思います。申し訳ありません」

方向性を示した上で相手に何をしてほしいのか諭すのです。

Iメッセージには、相手の意思で選択・実行されることへの期待が込められています。

人は、基本的に他人にコントロールされることを嫌います。Iメッセージは、相手を説得するには少し弱いメッセージとなりますが、良好な関係が築けている場合や、こちらから強くいわないほうがよい場合は、このような弱い説得のほうが効果的です。

こちらから押しつけられた感の少ない分、相手は受け入れやすく、比較的素直に従うことができます。相手に反省を促すような場面で使える手法であるといえるでしょう。

説得のコップ理論

自分の意見をいうのは、相手の主張をすべて吐き出させてから

コミュニケーションの基本は「聞く」ことです。交渉するときは、ついつい自分の主張ばかりを押し通そうとしてしまいがちですが、そうすると相手の心はどんどん離れていってしまいます。

たとえば、相手の心をコップの水にたとえてみましょう。なみなみとつがれたコップの水は、本人の心の内にある主張がいっぱいである状態です。この水を少しでも減らさなければ、新たに水をつぎ足すことはできません。つまり、こちらの主張を聞き入れてもらえる状態にはなりません。

相手に話を聞いてもらおうと思えば、まずは徹底的に相手に話をさせて、この水を減らし、コップのなかを空にすることです。

このような考え方を、説得のコップ理論といいます。

流れ　相手の話を聞いた後に自分の主張をしよう

徹底して話を聞く

アクティブリスニング（P92参照）を活用

↓

こちらの主張をする

相手に余裕ができたら自分の意見を主張

この理論に従えば、相手がいいたいことをすべて吐き出してしまったら、相手の心に余裕が生まれ、こちらの主張を聞き入れてもらえるチャンスが巡ってきます。

もし、交渉中に相手を怒らせることになってしまった場合にも、この説得のコップ理論は応用できます。

感情的になった相手の心は、こちらの主張を聞く余裕は一切ありません。これを解きほぐすには、相手の心のコップから、怒りという水を空になるまで吐き出させる必要があります。

大切なことは、こちらの意見は相手の心に余裕ができたところで述べることです。

一理三例の原則

抽象的な理由より、具体事例のほうが受け入れてもらえる

会議や交渉などの際、あなたの意見が一方的に否定されたり、反対されたりしてしまう場面があるかもしれません。こんな時、あなたならどうしますか。

大切なことは、反対意見にさらに反対してはいけないということです。「いいえ、そうではありません」「そうですね、でも……」と反論しては、延々とお互いの意見を主張し合うだけで、実りある議論にはなりません。

反論に対して、こちらもさらに反論で返したい場合に有効なテクニックがあります。それを「一理三例の原則」といいます。

たとえば、相手の反論に対しては、いったん「そうですね」とクッション話法で受けとめます。そうした上で、こちらの主張を補う実例や成功事例を挙げて説明するのです。

このとき、3つくらいの例を挙げると、説得力がグッと高まります。これが「一理三例

一理三例の原則

新しくカラープリンタを部署に導入したいという主張に反対された場合・・・

例① 『確かにモノクロプリンタより社内でかかっている費用は高くなりますが、現在、外注しているカラー出力費も合わせると、トータルで月額30％の費用削減になるという試算が出ています』

例② 『また、緊急でカラープリントが必要になった場合、現在は社外のプリントサービスへ担当者が行って高い料金を払って対応していますが、社内に導入すれば、時間とコストが削減されます』

例③ 『同業のA社は、カラープリンタを導入し、見込み客へのプレゼン資料をすべてカラー化し、それが契約獲得数の伸びにつながっています』

主張 『そのような次第で、売上アップにも費用削減にもなるため、カラープリンタを部署へ導入していただきたいと考えます』

の原則」です。

あなたが成功事例を話すことにより、相手は「なぜそのように成功したのだろう？」とあなたの話に引き込まれてくるはずです。相手があなたの考えを聞きたくなってから、あなたの主張を訴えるのです。

反論にただ反論するだけでは、平方線ですが、この方法を使えば、相手は耳を傾けてくれます。

相手の反論への反論に限らず、相手の意見をつぶすために意見を述べてはいけません。それではお互いに嫌な感情が残るだけです。ここは建設的な話し合いに持っていけるよう工夫することが重要です。

3 P理論

自分の話を相手に受け入れてもらうための基本の3要素

自分の意見を人に伝えるという技術は、ビジネスにおいてはプレゼンの場などでその効力を発揮します。では、自分の意見をうまく伝えるためには、どのようなことが必要なのでしょうか。

ここでは、プレゼンにおいて必須ともいえる3つの条件をご紹介します。それは、「3P理論」と呼ばれるものです。

最初のPは人柄（Personality）。人を相手に話をするのですから、反感を買ってしまうような尊大な態度やくだけすぎたしゃべり方では、誰も真剣に聞いてはくれません。まずは「伝えたい」という誠実な気持ちを持って臨むことが大前提です。

第2のPは構成内容（Program）。限られた時間の中で、聞く人にとって有益な情報を提供することが目的なのですから、内容も聞く人のニーズに合った、濃い密度のものでな

プレゼンなどに役立つ3P理論

Personality（人柄）・・・ 「伝えたい」という熱意と誠実な想いが聞き手に伝わるような態度と話し方
Program（構成内容）・・・ 限られた時間の中で、聞く人にとって有益な情報を、密度濃く無駄を省いて、伝えられるような内容とその構成。万全の準備を。
Platform Skills（伝達技術）・・・ わかりやすく、そして楽しく聞いてもらえるような工夫・テクニックを用いる。具体例や図解なども交えて。

くてはなりません。そのためにも、話したい内容は事前にしっかりと吟味して、無駄を省き、不足のないよう万全の準備をすることが重要です。

最後のＰは伝達技術（Platform Skills）。

いくら正しい内容を誠実に話したとしても、聞いている相手が理解できなければ、なんの意味もありません。図解やイラスト、写真などを上手に使いながら、あるいは話に具体例や実例を交えながら、わかりやすく、そして楽しく聞いてもらえるように工夫を凝らしましょう。

これらのテクニックの頭文字をとったものが「３Ｐ理論」なのです。

相手に伝わり、受け入れられる話の組み立てキーワード

Chapter6

5W2H

論理の骨組みを整理し、事実を明確にする話し方

文章の基本に「5W1H」というものがあります。「いつ（When）・どこで（Where）・誰と（Who）・何を（What）・なぜ（Why）・どのようにして（How）」という、伝えるべき基本的事実の骨組みを表すものです。

これらを駆使した文章は論理的でわかりやすく、具体的なイメージが伝わりやすいため、日常的な連絡や報告などをする際にも使われています。

仕事においては、上司への報告や取引先との商談などで、この5W1Hに、予算や売上、数値目標などを伝えるための「いくら（How much）」を加えた「5W2H」が要求されます。

報告にしろ、商談にしろ、伝えることの根拠があいまいだったり、憶測が含まれていたりすると、聞くほうに誤解が生まれたり、正確に理解できなかったりします。

ビジネスシーンでの基本要素5W2H

When　いつ	期限、納期など
Where　どこで	場所、マーケットなど
Who　誰と	取引相手、ターゲット層、顧客など
What　何を	商品、目的など
Why　なぜ	根拠となる数字など
How　どのようにして	方法論、手段、アイデアなど
How much　いくら	予算、売上、数値目標など

常に正確な事実を伝えるための5W2Hという論理の骨組みが明確になっているかどうか、意識するようにしましょう。

準備が可能な場合は、話に5W2Hがきちんと含まれているかどうか、チェックを怠らないことです。

自分の意見がこのような5W2Hに裏づけられたものである場合、その意見の説得力は飛躍的に増します。

ただし、注意すべき点は、裏づけのある事実と、自分の意見や考えとを混同しないようにすることです。自分の意見を述べる際には「これは私の考えですが……」と断った上で伝えるようにしましょう。

ＫＩＳＳ話法

相手に伝わりやすい、短くシンプルな言葉をつかう

コミュニケーションの鉄則は、相手にきちんと内容が伝わることです。内容がわかりやすいと、相手の理解度は高くなり、会話でも交渉でも、うまくいく確率が高くなります。わかりやすく、それでいて論理的に話すためには、１つひとつわかりやすい語句を積み重ねることが大切です。どんなに高尚な主張があっても、だらだらと長い話を続けては、話の焦点がぼんやりとして、相手に伝わらないものになってしまいます。

この原因は、実は日本語という言語にあります。日本語はどうしてもフレーズが長くなりがちな言語なのです。これに陥らないためにも覚えておきたいのが、ＫＩＳＳ話法です。ＫＩＳＳ話法とは、Keep It Short and Simple（短く簡潔な文章を心がける）の略です。ポイントは、「１つの文には動詞は１つ」を心がけること。１つの文で表現する内容が

会話例　シンプルな文章で簡潔に伝えよう

NG

「○○の件ですが、当店では在庫がないということで、他店に問い合わせたところ……」

OK

「○○の件でご報告いたします。当店では在庫ありません。しかし、他店から至急発送できることがわかりました」

1つになり、短くシンプルな言葉で相手にとってわかりやすい内容となります。

日本語には「～ですが」とか「～なので」といった文と文とをつなぐ表現がありますが、このような言い回しを多用すると、話が間延びしてしまいます。

「今日は暑いので皆さん大変だと思いますが、もうひとがんばりなので全員がんばってください」では、伝えたいことがぼやけて聞こえます。

ＫＩＳＳ話法を用いれば、「今日は暑いですね。皆さん大変だと思います。でも、もうひとがんばりです。がんばってください」となり、すっきりと明快な内容になります。

箇条書き方式

論点を理路整然とまとめて説得力をアップする

「あの人の話は要領を得ない」「何がいいたいのかわからない」。そんな場面に出くわしたことはありませんか。

そんなふうに話をしてしまう人の多くは、ただ漫然と頭に浮かんだ順番で話していることが大半です。そうならないためにはどのようにすればいいのでしょうか。

そこでおすすめするのが「箇条書き方式」といわれるテクニックです。話の内容を理路整然とまとめた上で、要点をくさびのように相手の心に打ち込む効果があります。

やり方はいたって単純です。要点に番号を振って列挙すればいいのです。たとえば、「この商品のポイントは、大きく分けて3つです。1つ目は◯◯、2つ目は××、3つ目は△△です」

箇条書き方式での説明手順

①最初に、話の論点・ポイントがいくつあるか提示
「この商品には大きく３つの特長があります」
②それぞれのポイントをひと言で示す
「１つ目に高品質性、２つ目に低コスト性、３つ目に利便性です」
③それぞれについて、分けて詳しく説明
「まず１つ目の高品質性ですが・・・ 次に２つ目の低コスト性について・・・ 最後に３つ目の利便性は・・・」
④最後に、もう一度、それぞれのポイントをひと言でまとめる
「以上、この商品には、１に高品質性、２に低コスト性、３に利便性という大きく３つの特長があります」

「まず1つ目の◯◯ですが……」
「次に2つ目の××ですが……」
「最後に3つ目の△△ですが……」
「以上、1に◯◯。2に××。3に△△。これがこの商品のポイントとなります」

文書を箇条書きにするように、口頭説明においても番号を振って伝える方法です。

こうすることで論点の輪郭がはっきりとし、説明するのも相手が理解するのも容易になります。

また、この手法のもうひとつのメリットは、同じ内容の説明を3回にわたって説明することになるところです。相手に残す印象が非常に強くなるわけです。

SDS法

「全体・詳細・全体」という流れで話を組み立てる

相手にわかりやすく、論理的に話を進めるためには、内容の組み立てが重要です。わかりやすい話のポイントは、要点がはっきりと明らかになっていること。この要点をうまく組み立てて説明することが必要です。

では、どのように話を組み立てれば、相手にとってわかりやすい話になるでしょうか。

それには、話の全体像と要点、結論を最初に明らかにすることが重要です。その上で、細部について詳しい説明をして、最後にもう一度要点に触れるという要領です。

この、全体（Summary）、詳細（Details）、全体（Summary）という流れの話し方を、その頭文字をとってSDS法といいます。

最初に話の全体像がわかれば、相手はその後の細部について理解しやすくなります。最

会話例 全体・詳細・全体の流れで話を進めよう

「昨日の会議の結果を教えてくれないか」

全体（Summary）

「はい、新システムを導入することで決定いたしました」

詳細（Details）

「それによって事業の大幅な改善が見込めること、また現システムの利点を活かすことで、コストの削減も可能だということ……他の工場での試験的導入も成功しております……」

全体（Summary）

「よって新システムへの移行を段階的に行うということで決定いたしました」

後に再び要点を述べるのは、話を再確認した上で、相手に要点を強く印象づけるためです。

大事なのは、話というものは「要点で始めて要点で終わる」という流れです。

会議での説明など、複雑で長くなる要素のある場合は、詳細の部分もまた、その中がSDSの構成になるようにするとよいでしょう。

たとえば、「話のポイントは3つあります。1つ目は……」と話の全体像を切り出した後に、詳細の説明をします。その際も、1つ目のポイントの全体像を明らかにした上で、細かな部分について言及するという方法です。

2つ目、3つ目のポイントも同じようにして、全体・詳細・全体という流れで話しましょう。

EP公式

「具体事例＋結論」で説得力をアップさせる

あなたの話すことを相手にもっと理解してもらいたいと思ったら、論理的に話すのはもちろんのこと、説得力を増すためのテクニックが必要です。

論理的に話すということは、たとえば「Aである。ゆえにBという主張が成り立つ」という話し方です。

この場合、「Bという主張が成り立つ」ために重要なのは、「Aである」ことと「Bである」こととの因果関係が明確であることです。

そして、この「Aである」という部分に、できるだけ具体的な信頼に値する事例を織り込めるかが重要です。具体事例を挙げることで、相手は理解し納得しやすくなり、その後に続く「Bである」というあなたの主張が信用のおける確かなものとなります。

「EXAMPLE（実例・経験）→POINT（結論・主張）」の順序で話をすることによって、

会話例 数字や統計など客観的事実を示そう

NG

「このパソコンはとても売れています」

OK

「この機種は、10万台を売り上げていて、昨年の商品の中でも最も売れています」

会話例 自分の経験や第三者の証言など実例を示そう

NG

「この車種は本当に故障がないのです」

OK

「アメリカにいる友人の話なのですが、シカゴの一番寒い時期に、一発でエンジンがかかるのは、この車だけだったそうです。ですから性能には自信があるのです」

その主張の説得力が格段に増します。

このような手法をEP公式といいます。EP公式は、人に行動を促したり、気づきを与えたりするときに有効な説得話法です。人を説得するには、具体的な根拠をもとにするのが効果的なのです。

具体的な事例というのは、たとえば、利害関係のない第三者の証言であったり、過去にあった成功例、政府や民間会社が発表している数字や統計であったりと、さまざまです。

このような具体例を盛り込むことで、あなたの主張には確かな根拠があることを強調し、周りの人を納得させましょう。

ＰＲＥＰ話法

結論を先に伝えると、要点は伝わりやすい

思いつくままに自分の考えをだらだらと話しているうちに、自分でも何を伝えたかったのか忘れてしまうことがあると思います。自分でわからなくなってしまうくらいですから、相手には当然何も伝わっていません。

相手に理解し納得してもらえるよう話すためには、簡潔かつ論理的に自分の考えを述べる必要があります。

それには、最初に結論を伝えることが重要です。そうすれば相手は話の内容の全体像を把握することができます。

前項の「ＥＰ公式」を発展させた、より説得力ある話し方のテクニックが「ＰＲＥＰ話法」です。これは、自分の考えをポイントを押さえて相手に伝えるための話し方です。「ポイント（Point）→理由（Reason）→具体例（Example）→再びポイント（Point）」とい

会話例 報告するときは結論を先に示そう

ポイント

「部長、○○の件ですが、A社の案を採用したいと思います。

理由

「先日のコンペでA社の案が費用的にも優れていましたし、実績も十分です」

具体例

「A社の案は他の工場で採用されていて、結果もうまくいっています」

ポイント

「やはり、今回のプロジェクトはA社の案でやらせてください」

という流れで説明することで、相手の理解度が格段に高まります。

自分が伝えたいことを最初に伝え、なぜそう思うのかという理由、その根拠となる具体例と話していき、最後にもう一度ポイント、つまり結論を伝えるのです。

この基本構造は、前々項で紹介したSDS法とも同じです。詳細（Details）にあたる部分を、理由と具体例に分解したと考えてよいでしょう。

このように、結論を先にいって、結論に至るまでの自分の思考、具体例と順を追って説明することで、聞き手にも話し手と同じ追体験をさせて、納得してもらうのです。

DESC話法

相手を説得するには、客観的事実からたぐっていこう

相手を説得したいとき、あるいはどうしても相手の提案を拒否したい時などに有効なのがDESC話法です。

これを使えば、結果的に相手を拒否することになっても、相手の感情を害することなく、こちらの主張を通すことができます。

DESC話法とは、「Describe（事実）→Express（主張）→Suggest（提案）→Consequence（論理的な帰結）」の頭文字をとった略です。

あなたとは違う考えを持っている相手を納得させるためには、まず誰もが納得のいく客観的な「事実」を示します。その上で、冷静にあなたの「主張」を伝え、その考えから導かれる「提案」をします。

最後に「結果」を示しますが、この時、自分の提案を実行した場合の望ましいな結末か、

会話例 いい結果を示唆して提案しよう

「例の外部委託の件、どうなった?」

NG

「その件ですが、外部委託は無理でしょう。社内でやるほうがいいと思います」

OK

事実
「その件ですが、今年度、我が社の売り上げは落ち込んでいます」

主張
「外部に委託するのはコストがかかりすぎるのではないかと思います」

提案
「社内で専門チームを作ってはどうでしょう」

結果を示唆
「そうすればコストは大幅に抑えられます」

実行しなかった場合の悲観的な結末のどちらかのうち、自分の主張に有利なほうを示すようにします。

このような説得のしかたであれば、相手を「なるほど」とうなずかせることができます。

DESC話法の大事なポイントは、できるだけポジティブな提案をすることです。

相手の主張を退けるために、なるべく前向きな提案をすることで、相手にとっても悪くない選択であることをアピールするのです。

これは、常に自分と相手と双方が満足する関係を目指す、WIN‐WINの関係に通じるものです。

サンドイッチで叱る

相手のやる気をそがないように、自発的に反省してもらう

誰かとよい人間関係をつくって、望ましいコミュニケーションをはかるために有効なのは、相手を認めたり、ほめたりすることです。

しかし、常に相手をほめてばかりもいられません。場合によっては人を叱らなければならないこともあるはずです。そのときはどうすればいいのでしょうか。

人は誰でも、叱られたくはありません。もし叱られるようなことをしてしまったとしても、基本的に「自分が悪い」とは思っていないものです。相手が悪い、状況が悪かったなど、何かになすりつけようとするものなのです。こうした相手を怒鳴りつけても効果はありません。

そこでおすすめするのが「サンドイッチテクニック」です。

これは、「まず相手をほめる」、「その後に遠まわしに注意する」、そして「最後にまたほ

サンドイッチで叱る

事務でケアレスミスが続いた後輩を叱る

①まず相手をほめる

「いつも細かい数字の処理を引き受けてくれて、ありがとう」

②その後に遠まわしに注意する

「最近、君らしくないミスが何件かあったけど、どうしたの？」

③最後にまたほめる

「この部署の事務は君が頼りなんだ。期待してるよ」

める」というやり方です。

たとえば、2日連続で遅刻してきた後輩を注意するとします。まず「この間出してくれたレポート、とてもよかったよ」とほめます。「ところでここ最近、出社が遅れているようだけど何かあったの？」と心配している雰囲気を出しながら指摘を織り交ぜます。最後に「君もそろそろ管理職になるべき人間だ。期待しているからがんばってくれよ」というほめ言葉で締めます。

これで相手は叱られたとは感じずに、「これから気をつけよう」と自然に思うはずです。

ぜひ「サンドイッチ」テクニックを覚えてください。

Chapter 7

人を動かす依頼・交渉の心理テクニック

チャルディーニの原理

人は好意を持っている相手からの要請には、積極的に応える

道ばたで見ず知らずの人から突然、「これを買ってほしい」とお願いされたら、あなたはどうするでしょうか。おそらく買わないでしょう。

同じものを大好きな人からお勧めされたらどうでしょう。値段にもよるかもしれませんが、買うかもしれませんね。

何か買おうとしている時に、同じ商品を同じ価格で売っていたら、人は自分のよく知っている人のほうから買うことを選びます。

このように「何を売られるのか」よりも「誰から売られるのか」が決め手となることは意外に多いものです。

売買に限らず、人は、他人の話を聞くとき、「何を言われるか」ということよりも、「誰から言われるか」ということを重要視します。自分が信頼している人から言われる場合と、

会話例　相手との信頼関係に交渉は左右される

●信頼関係が築けていない場合

「この商品、本当にお勧めなのです」

「そう言われてもねぇ」

●信頼関係が築けている場合

「この商品、本当にお勧めなのです」

「そう。君が言うのなら試してみようかな」

知らない人や嫌いな人から言われるのとでは、反応は明らかに違うでしょう。

人は心理的に、「好意を持っている人から要請を受けると、積極的にそれに応えようとする」ものです。これは、チャルディーニの原理と呼ばれる人間関係の法則です。

これを応用すれば、人に何かをお願いしたいときには、人間関係を築いて信頼を得ることが先決であるといえます。

セールスの売上は、人間的魅力に比例するともいわれます。仕事上のことであっても、ビジネスライクな条件交渉や商品説明より先に、相手から好きになってもらうことが重要だということです。

ピグマリオン効果

ほめて期待することで、人を動かす

仕事をする際、上司に怒られてばかりいてはやる気が失せてしまいます。しかし、逆にほめられると「がんばろう」という気になった経験は誰にもあると思います。

これは、心理学的に「ピグマリオン効果」と呼ばれる理論で説明されています。この理論は、「人は認められて期待されれば、必ずその期待に応えようとする力がはたらく」というものです。

自分は「ほめられて伸びるタイプ」だと感じている人は多いと思いますが、人はほめられて期待されることで、持っている能力を最大限に発揮することができるのです。人を使う立場にある人は、必ず覚えておきたい理論です。

このピグマリオン効果は交渉の場においても有効です。相手といい関係を築いた上で、こちらの期待を相手に伝えれば、相手はこちらの期待に応えようとしてくれます。

会話例 ほめて期待することで相手を動かそう

NG

「この前の企画、確かにお客さんの評判は悪くなかったけど、もっとがんばれるんじゃないの?」

OK

「この前の企画、お客さんの評判もとてもよかったよ。ありがとう。この次も期待してるよ」

こちらが譲歩したうえで期待を寄せれば、それにお返しをしようという気持ちがはたらき、譲歩した以上のことを相手がしてくれる可能性もあります。

このような心理効果を使うためには、こちらの期待を相手に伝えることが大前提です。相手を疑い、否定するのではなく、積極的に相手を信じて、肯定するという姿勢を持ちましょう。

交渉において、相手との関係性は結果を大きく左右します。

お互いにとってよりよい結果が残せるよう、相手を認めて期待しているということをうまく表現しましょう。

イエス・テイキング法

相手からスムーズに「イエス」を引き出すテクニック

人は、「イエス」と答え続けていると、だんだん、その後の質問にも「ノー」と言いにくくなる心理がはたらくといわれています。

こうした心理を巧みに利用したテクニックに、イエス・テイキング法があります。交渉に入る前の段階から相手に「イエス」と答えさせる質問をくり出しておくという技術です。

この前段階の質問は、なるべく相手が深く考えずに「イエス」といえるたぐいのものがいいでしょう。

たとえば、晴れた日ならば「いいお天気ですね」と質問をします。相手は当然「そうですね」と答えるでしょう。

このような気軽な「イエス」を引き出せる質問を、交渉の前段階で雑談などをして繰り返しておくのです。

会話例 イエスを繰り返させて交渉を上手に運ぼう

「いいお天気で気持ちがいいですね」
「そうですね」**（イエス）**
「前回お話した件ですが、期日に関しては問題ないとのお話でしたね?」
「はい、期日は問題ありません」**（イエス）**
「しかし、価格に関してご不満があるとのことでしたね?」
「はい、そうですね」**（イエス）**
「ということはそこさえクリアできれば、問題ないということですか?」
「そうですね……」**（ノーと言いにくい）**

何度も「イエス」と答えた相手が、心理的に徐々に心を開いてくるというメリットもあります。

そして、多くの「イエス」を引き出しておいた後に、交渉に入ります。これまで「イエス」と答え続けてきた相手は、交渉の段階に入ってからも、「ノー」とは答えにくくなっているのです。

交渉は、最終的に相手に「イエス」と言わせて合意するのが目的です。雑談の時点から、布石を打っておくと、いざ同意しなければならない場面で相手にとって「イエス」か「ノー」かで迷うような内容でも、有利に進めることができるという心理テクニックです。

踏み込み法

小さな要求を小出しにして、最終的に大きな利益を得る

セールスマンが自宅に来たときに、ドアを開ける前ならばインターフォン越しに簡単に断ることができますが、いったん玄関まで上げてしまうと、断ってお帰りいただくことに心苦しさを覚えるものです。

この心理を逆手にとったのが、踏み込み法です。フット・イン・ザ・ドアと呼ばれるセールステクニックとしても知られています。

つまり、最初に、無理のなく承諾してもらえる小さな要求（ドアを開けて玄関へ入れてもらう）を受け入れさせることで、徐々に大きな要求（セールスしている商品を買ってもらう）をのませ、利益を得る心理テクニックです。

最初から大きな要求をして、それを拒否されてしまっては、何も得るものがありません。しかし、まずは簡単な要求を受け入れてもらうことで、相手の心に一歩踏み込み、徐々に

流れ 小さな要求から徐々に要求を大きくしていく

STEP ①

簡単な要求で踏み込む

ファストフード店が、ハンバーガーを半額で販売して客を呼び込む。

STEP ②

次の要求をする

「ご一緒にポテトもいかがですか?」と別の商品の購入も勧める。

STEP ③

徐々に要求を大きくする

「ドリンクもセットにするとお得です」とさらに次の商品を進める。

STEP ④

大きく利益を得る

結果的にハンバーガーセットを客に販売することに成功する。

要求を大きくしていくのです。

たとえばファストフード店のセールススタイルを見てみましょう。

最初はハンバーガー半額のうたい文句に誘われて注文レジに来た客は、「ご一緒にポテトもいかがですか？」と別の商品を勧められます。それぐらいなら、と受容すると、今度は「ドリンクもセットにするとお得です」とさらに別の商品を勧められます。

こうして、この客は結果的にハンバーガーセットを購入することになるのです。

一度、要求の基準を下げて踏み込んでおくことが、相手の拒否の判断基準を押し下げることになるのです。

サラミソーセージ法

承諾させた後、悪い条件に少しずつ妥協させる

相手との関係を良好に保ちながら、いかにこちらが求めるものを得るか。それが交渉の目的です。

そのためには、駆け引きが必要な場合も出てきます。ここでは、実践的な駆け引きのテクニックを紹介します。

まず最初に、相手にとって不利益な部分は見せず、よい条件だけ提示します。そこで相手から大筋でOKという答えを引き出します。

その後、詳細な条件を出していく段階で、相手にとって不利益な面があることも、徐々に明らかにしていきます。さきに紹介したイエス・テイキング法や踏み込み法などと同じように、「大筋でOKしているのだから、この程度の不利益ならしかたない」と妥協してきた相手には、だんだん不利益な面が大きくなってきても、一度承諾の意思を示している

流れ 大きく得るためにいい条件から先に提示する

▼OA機器を売り、その後のサプライ品と保守サービスで利益を得たい

激安のOA機器を買いませんか?

相手の承諾を得る

↓

この機器は純製のサプライ品しか使えません。

一度承諾しているので拒否しづらい。

↓

保守サービスに入りましょう。そうしないと、高額なサポート料金がかかります。

相手は拒否しにくい。

分、断りづらいという心理が働きます。

このような方法をサラミソーセージ法といいます。

大きなサラミソーセージを1本丸ごと食べてほしいと渡しても、カロリーが高く胃もたれもするので、なかなか食べてもらえませんが、小さくスライスしたサラミひと切れなら、おいしく食べてもらえます。そうして少しずつ渡していくと、最終的に相手は1本丸ごとを食べたことになっているという手法です。

先に魅力的な利益を示して、相手に承諾させることにより、その後の相手にとっての不利益な要求を拒否させにくくするわけです。

初頭要求極大化法

わざと断らせて、後の要求を通りやすくする

「ギブ&テイクの法則」を紹介しましたが、これはさきにこちらが与えたり、譲歩したりすれば、相手もそのお返しに与えたり、譲歩したりしたくなる心理を活用したものでした。

ここで紹介する初頭要求極大化法も、同様の人間心理に基づくものです。

初頭要求極大化法では、まず最初に、相手が断るような大きな要求をわざとします。相手に一度断らせるのが特徴です。その後で、相手にとって負担の小さな要求をすると、受け入れられやすくなるのです。

ドア・イン・ザ・フェイスとも呼ばれるテクニックです。いったん、相手に断らせるのが特徴です。

具体的な価格交渉の場面で、見ていきましょう。最初の要求は、相手がとても受け入れられないような金額を提示します。

流れ 最初の要求は大きくして徐々に要求を下げる

STEP ①
本当の希望価格は隠す
「1000万円で買いたい」という本当の希望額は隠して交渉に入る。

STEP ②
大きな要求を提示する
「500万円で売ってくれ」と相手にとって不可能な要求をする。

STEP ③
先に譲歩して見せる
「600万円、700万円……」と譲歩を見せ、相手からも譲歩を引き出す。

STEP ④
希望額での交渉成立
「1000万ではどうでしょう」と互いの妥結点のように交渉が成立。

すると当然、相手は拒否してきます。そこで、こちらが先に譲歩するという形を取り、最初の金額より敷居を低くした提案をします。そうしながら、徐々に本当の要求に近づけていきます。こちらが譲歩しているのだから相手も譲歩せざるを得ないという心理状況をつくり出していくのです。

本当の要求額に達する前に交渉が成立すれば、こちらの利益は大きくなりますし、たとえこちらの希望額を割り込んでしまったとしても、最小限のマイナスに抑えられます。

このように、最初の提案は捨て石として打ちます。商品を安く買いたいとき、あるいは高く売りたいときに有効な手法なのです。

のけぞり法

相手がしかけてくる初頭要求極大化法のかわし方

前項で紹介した初頭要求極大化法を、相手がしかけてくることもあるでしょう。無理というしかない高い要求を突きつけられたとき、どうすればいいのでしょうか。

そんな場合には「のけぞり法」を使います。

これはのけぞるくらいに大きな拒否反応のリアクションをしてみせて、相手に心理的プレッシャーをかけるという方法です。

相手が意識的に法外な要求を出してくる時には、効果は絶大です。こちらが大きな拒否反応を示しているのに、そのまま押し通すというわけには、相手はいかなくなります。こちらの拒否反応が大きければ大きいほど、相手は「これは少し要求を下げた程度では合意できない」という危惧を抱くことになるのです。

このテクニックは、「他人からよく思われたい」という人の心理を突いています。交渉

相手の初頭要求極大化をかわせ

相手の交渉テクニックを、オーバーなリアクションで無効化!
逆に譲歩を引き出せ!

相手は、自分の主張が相手を傷つけてしまったり、驚かせてしまったと感じて、動揺するのです。

こうして「あまりにも無理な要求だったかな」と相手に思わせることで、より自分の要望に近い条件まで、相手の譲歩を引き出すことが可能になります。

ただし、これはあくまで相手が法外な要求を突きつけてきたときに有効な手段です。

比較的まともな要求を提示してきたときに同じように「のけぞり法」をやってしまうと、こちらのビジネスセンスを疑われたり、まるでかみ合わない条件交渉となったりしますので、注意が必要です。

見せ掛け退陣法

相手の譲歩を引き出すために、交渉を打ち切るように見せかける

相手がどうしても強気のままで、いくら譲歩してもこちらの要求をのんでくれない場合があります。

そんな時はいっそ、一度交渉をとりやめ、席を立って帰るふりをしてみましょう。これは見せ掛け退陣法という心理テクニックです。

もちろん、こちらの本心としては、交渉をやめる気はありません。席を立つというパフォーマンスによって、相手の気が変わるのを促すのです。

一種の脅しのようなものですが、相手が「ちょっと待ってください」といってくる可能性は多分にあります。

このように相手が交渉を続けたいという意思を示した場合は、立場は逆転し、こちらが優位に立つことができます。

流れ 交渉をやめるふりで相手の譲歩を引き出す

もう少し安くなりませんか?
相手優位での交渉になっている

↓

わかりました。あきらめます
交渉をやめるふりをする

↓

ちょっと待ってください
(相手は交渉を続けたい様子)

では値引きしてもらえますか?
引き止められれば立場が逆転する

見せ掛け退陣法を成功させるポイントは、それまでにどれだけ相手に投資をさせていたかということです。この場合の投資とは、お金だけでなく、時間や労力も含みます。

人は投資すればするほど、それを回収しようという心理が働きます。実際の損失はほとんどなかったとしても、交渉がまとまらないと損失を被ったと感じるのです。

相手がそれまでの過程で「投資した」と感じていればいるほど、見せ掛け退陣法は効力を発揮します。

それでも相手が強気の姿勢を崩さない場合は、潔くそのまま交渉を中止し、時間を置いてから改めて交渉を再開すればいいのです。

フェイント法

あえて本当の要求を隠して相手から譲歩を勝ち取る

こちらが先に譲歩すると、相手も譲歩せざるを得ないという心理になります。この心理を応用したテクニックのひとつが、ここで紹介するフェイント法です。

これは、こちらの本当の目的を隠して、別のことにこだわっているように見せ、その見せかけのこだわりポイントで譲歩することで、本当の目的を達成するという方法です。

たとえば、ある商品を購入する際に、もっと価格を下げてほしいというのが本当の目的だとします。

しかし、それはあえて口に出さずに、まるでその商品の納期にこだわっているようなそぶりをするのです。

このこだわりは、いわばフェイクです。納品に時間がかかる商品であることを知っていて、しかし、「急いでいるから、〇日までにほしい」と要求します。

流れ　相手が対応できない点に強くこだわる

STEP ①
フェイクの要求をする
買い気を示して「別の色がほしい」など対応不可能な要求をする。

STEP ②
強いこだわりを示す
「どうしても違う色がほしい」とフェイクの要求に強くこだわりを見せる。

STEP ③
譲歩の姿勢を見せる
「この色で我慢する」と要求をとり下げ、先に譲歩したと見せる。

STEP ④
本当の譲歩を要求する
「だから値引きしてくれ」と相手には本当の譲歩を要求する。

この場合、相手が対応不可能な要求である必要があります。さんざん納期にこだわってみせて、相手からみれば無理難題の要求を繰り返した後、最終的に「納期は妥協するから、その代わりに値段を下げてほしい」と本当の目的である要求を提示します。

つまり、まったく別のポイントにこだわっているように見せかけ、自分にとってはさも重大なことであるかのように装って、最後にそれを譲歩するのだから、相手にも譲歩してほしいと要求するのです。

先にこちらが譲歩してみせることで、相手をほかの点で妥協せざるを得ないという心理に追い込むわけです。

エスカレーター法

一度まとまった交渉に対して再び譲歩を迫る

一度まとまった交渉で、さらなる譲歩を相手に迫る方法があります。これは、エスカレーター法と呼ばれる手法です。

たとえば、売り手と買い手との間で、商品の売買についての交渉がまとまったとします。その翌日に、買い手のほうから「昨日の価格では上司の承認が得られなかった。もう少し価格を下げてほしい」と再度の交渉を切り出すのです。

この場合、相手はこの交渉をまとめるために、その時点である程度の時間や労力などの〝投資〟をしています。「ここまできたら、なんとしても成果を上げたい」という心理が相手に働き、交渉に応じてくれる可能性は高いといえるでしょう。

逆に、売り手のほうから「価格を上げてほしい」という変更を迫る際にも同様のことがいえます。

流れ　上司を使って、さらなる譲歩を引き出せる

▼再交渉を持ちかける

「上司の承認が得られませんでした」

▼

❶ 相手は投資をしている

相手は既に一度、時間と労力を投資しているため、多少の譲歩をしてでも、取引をまとめたい。

▼

❷ 相手の譲歩が前提

「昨日の結論ではだめだ」と言っているので、さらなる譲歩が前提となっての交渉に入れる。

▼

相手のさらなる譲歩が得られる！

基本的に、交渉においてそれまでに投資したものと引き出せる譲歩の量は比例するので、ほぼ間違いなく再度の変更の交渉は成功するでしょう。

再交渉の口実としては、自分の上司を利用することが多いようです。譲歩してくれれば、自分が上司を説得するという態度も有効です。

ただし、交渉成立の後に変更を迫るやり方は、あまりフェアであるとはいえません。その後、相手との関係が悪くなる可能性も秘めています。できることなら、一度まとまった交渉に変更を加えるべきではありません。どうしても、さらなる譲歩が必要となった場合にのみ、使用するようにしましょう。

パー法

先に一定の基準を示して相手を譲歩させる

これ以上は絶対に譲歩できないという価格がはっきりしている場合、どのように相手を説得すればいいのでしょうか。

こんなときに活用できるのがパー法です。これは、落としどころとなる一定の基準を最初に示してから、価格などの交渉を行う手法のことです。

この方法では、まず相手に「予算がこれだけしかない」と、はじめに数字を提示してしまいます。これに対して相手は、自分の提示した価格がいかに正当なものであるかを主張してきます。

しかし、すでに動かしようのない基準を提示しているわけですから、どうにもなりません。しかたなく相手は、なんとかその価格に近づけるよう努力してくれるようになります。

「これだけしかない」と相手にいうことは、ある意味こちらの弱みを見せていることにな

流れ　一定の数字を示して協力態勢を促す

STEP ①
一定の数字を提示する
「予算がこれだけしかない」と言い切り、暗に相手に頼る態度を示す。

STEP ②
相手の主張を受けとめる
相手が提示した価格の正当性は「そのとおりだ」と、しっかり受けとめる。

STEP ③
数字は動かさずに交渉
「しかし予算は決まっている」と価格を下げるよう、再度交渉する。

STEP ④
相手の協力を促す
「予算内でいい仕事をしたい」と値下げを強要せずに、協力を促す。

ります。
それはすなわち、相手に頼る姿勢を示していることにほかなりません。
それを相手が感じ取ったとき、なんとか協力したいという心理が働きます。こちらの弱みを握らせることで、相手の善意を引き出すのです。
その結果、お互いに協力する態勢ができ、提示した基準のなかで、最善の結果を出そうという共通意識が生まれます。場合によっては、相手のほうから譲歩を申し出てくることもあるかもしれません。
パー法は、値下げを強要するのではなく、相手に協力を促す手法なのです。

READY法

反論を的確に封じる5つの対応法

交渉で相手が反論してきた場合は、慎重に対応しなければなりません。相手の反論の意図をより理解するために質問したり、こちらの説明不足から誤解が生じているようなら丁寧に補ったりする必要があります。

そんな相手の反論への5種類の対応法を、まとめて「READY法」と呼びます。

「R」はリターン法（Return）。別名「ブーメラン法」とも呼ばれ、相手の反論をそのまま強調してセールスポイントにしてしまう方法です。「（競合の）A社より1割高いね」という相手に対して、「1割高いからこそ、長く使えて結果的にお得なのです」といった具合です。

「E」は説明法（Explain）。時間をかけて、詳しく丁寧に相手に説明する方法です。

「A」は認める法（Admit）。相手の言い分を認めた上で、他のメリットを強調するやり

相手の反論へ対応する5つの方法

R = ●**リターン法（Return）**
相手の反論をそのまま強調してセールスポイントにしてしまう

E = ●**説明法（Explain）**
時間をかけて、詳しく丁寧に相手に説明する

A = ●**認める法（Admit）**
相手の言い分は認めて、他のメリットを強調する

D = ●**否定法（Denial）**
明らかに相手に間違いや勘違いがある場合には、きっぱりと訂正

Y = ●**質問法（ask whY）**
相手の質問を逆手にとって、具体的な落としどころを質問する

方で「サイズが大きいね」に対して「そうなんですが、性能面ではこんなに便利です」と返します。

「D」は否定法（Denial）。明らかに相手に間違いや勘違いがある場合には、きっぱりと訂正しましょう。「来月には新製品が出るという噂があるよ」という相手の疑念に対しては「そんな事実はありません」と否定します。

最後の「Y」は質問法（ask whY）。質問を質問で返すやり方で、「サイズが大きいね」という顧客に対し、「ではどのくらいのサイズならよろしいですか」と返します。

これらは反論に対する有効な返し方ですので、しっかりと頭に入れておきましょう。

積み重ね法

相手に時間と労力をつかわせるほど、言い分は通りやすくなる

交渉は、相手がそれにかけた時間と労力、交渉回数が多ければ多いほど、成功する可能性が高くなります。人には、お金や時間、労力を〝投資〟した分、回収したいという心理がより強くはたらくからです。

こうした心理を応用して相手を交渉成立に誘導する方法のひとつが「積み重ね法」です。

この方法では、もっとも難航しそうな部分の交渉は、一番最後に持っていきます。

一般的には、価格交渉がもっとも重要視され、その分、難航することが多いものです。ですから、価格交渉を一番後回しにします。価格がわからなければ交渉できないと思われるかもしれません。でも、その重要な価格について、交渉のテーブルに載せる前に、そのほかの決めやすいことから話し合っていくのです。

たとえば、パソコンを買うとなった場合には、価格の前に、メモリ、ＣＰＵ、ディスプ

人は“投資”した分は、回収したくなる

お金　　時間　　労力・手間

↓ 投資

打ち合わせや交渉では、料金（お金）は発生しなくても、時間や労力は使っている！

交渉回数を重ねるたびに…

時間　時間　時間　時間
労力　労力　労力　労力

時間や労力をたくさん
投資したという心理がはたらく！

「こんなに投資したのだから、回収しなくては」という心理になる！

＝

相手が妥協して交渉成立！

レイの大きさ、色、もっと細かな機能、納期などを先に交渉し決定していくのです。

このような交渉の間、相手も時間と労力を使っています。価格を決めるころには「せっかくここまで交渉したんだし、時間もかかったのだから、このまま決めたい」という心理が働くのです。

このように、相手に時間と労力を消費させれば、あなたは優位に立つことができます。どちらかといえば、どうでもいい内容の話し合いを積み重ねていくことで、相手に「この労力を回収しよう」と思わせるのが「積み重ね法」なのです。

徹底同意法

相手の主張を全面的に認めた上で、こちらの主張を聞いてもらう

お客様に「これはちょっと高いね」といわれたとき、思わず「そんなことはありません」と反論してしまうのは、人間として普通の感情だと思います。しかし、相手の意見に否定的な反応を示してしまうと、相手を身構えさせることになり、「どうやって言い返してやろうか」という態度で会話をさせることになってしまいます。

そうならないための工夫が「徹底同意法」です。これは「Feel Felt Found法」とも呼ばれています。冒頭のお客様の反応を例にとりながら具体的に見ていきましょう。

「ちょっと高いね」というお客様に対し、まずは「そう思われるのが当然です」と肯定的に受け止めます。これは、第5章で説明した「クッション話法」の技術です。けっして反論してはいけません。この部分は「Feel」にあたります。

そして次に「今まで購入された方もみんなそうおっしゃいました」と続けて、相手の主

徹底同意法＝「Feel Felt Found法」

Feel 相手の否定的な意見に同意してみせる
→相手を肯定するクッション話法

Felt 否定的に感じたのはあなただけではないと、相手の主張を補強してあげる
→相手を安心させ、こちらへ信頼感を抱かせる

Found そして、こちらの主張したいメリットはほかにあることに気づいてもらう
→相手の否定的な意見の先にこそ、こちらが真にいいたいことがあることを伝える

張を補強してあげます。ここが「Felt」です。相手は「ほら、みんなそう感じている」と安心します。

そこで、最後に「実際に使われたお客様は、全然違う印象を持ったようです」と返すのです。これが「Found」です。ここで相手の否定的だった意見が揺らぎます。

つまり、お客様の意見には徹底的に同意して安心させ、信頼感を得た上で、実はその先にこちらの主張したいポイントがあると、話を持っていくのです。こうなると相手は、なぜそうなのか興味を示してきます。同時に、相手の次の反論を封じ込めることができるのです。

錯覚誘引法

相手の負担を細切れにして小さく見せる

「1日わずか400円。コーヒー1杯を我慢するだけで、このハイスペックのパソコンが買えます」――そんな売り文句を聞いたことはあると思います。たったそれだけを節約することで購入できるならと考えて、手を伸ばす人もいるでしょう。

これは「錯覚誘引法」といいます。言葉によって錯覚を起こさせる方法です。

冒頭にあげたパソコンの実際の販売価格が15万円弱だったとしましょう。「このパソコンは14万6000円です」と勧められても、購入を即決する人は少ないと思います。でも「1日わずか400円」といわれると、ぐっと手の届きやすい金額に聞こえてきます。もちろん、400円でパソコンが買えるわけではありません。しかし、「コーヒーを我慢すれば」「タバコを我慢すれば」……このように、かかる負担を細切れにして小さく見せることで、人は「それくらいの負担ならば安い」と錯覚してしまうのです。

錯覚誘引法

14万6000円のパソコンでも・・・

負担を12か月に細切れにすれば・・・

1か月あたり

約12,200円

さらに1日あたりに細切れにすれば・・・

1日あたり

400円

相手への提示のしかたしだいで、
負担を小さく見せることはできる！

４０００万円と４５００万円のマンションを勧めるとき、セールスマンは、この５００万の差を「こちらの方が豪華です」とか「こちらの階の方が上になりますので」といった説明をするようなことはありません。そのような説明をしても、顧客は「それでも５００万円の差は大きいな」と感じるからです。

　錯覚誘引法を使えば「ここに50年住むと考えてみてください。そうすれば、５００万円は年間10万円。月にわずか８０００円程度を上乗せするだけで、ワンランク上の部屋に住むことができるのです」という説明になります。すると顧客は５００万円はそれほどの差ではないように感じるのです。

90：10の法則

時間を制した者が交渉で勝利を収める

「時は金なり」ということわざがありますが、これは仕事においてこそ、痛感することではないでしょうか。時間には、交渉を大きく左右する力があります。

たとえば、「今日中に支払ってもらわなければならない」、「今日中に買って使わなければならない」…そんなデッドラインが決まっていると、それに気を取られて、他のことに関する判断力は鈍くなります。交渉においてはこれが命取りになることもあります。「時間がないから」「急いでいるから」と妥協したことは、誰でも身に覚えがあることでしょう。

このような時間的な制約があるときに交渉を行う際、最初の90％の時間での交渉の進展はわずか10％しかなく、最後の10％の時間で交渉の90％が決まってしまうといわれています。時間的制約のある側がギリギリになって焦るため、最後にバタバタと決めにかかってくるからです。これを「90：10の法則」といいます。

90：10の法則

時間的制約があると・・・

最初の**90**％の時間は慎重に交渉を進める
→交渉内容全体の**10**％しか決まらない

最後の**10**％の時間でバタバタと焦って決めようとしてしまう
→交渉内容の**90**％が決まる＝譲歩・妥協してもやむなしという心理になる

**自分の時間的制約は相手に悟らせない
相手の時間的制約を探る！**

もし、あなたの時間に限りがあると知れば、相手は時間を使ってギリギリまで引き伸ばし、最後の10％の時間で大切なことを決めにかかるでしょう。

時間のないあなたは、大幅に譲歩させられた上で、泣く泣く条件をのむことになってしまいます。

つまり、交渉では、相手に自分の時間的デッドラインを絶対に悟られないようにしなければなりません。

逆にいえば、あなたが相手の時間的制約を握ったのならば、優位に立つこともできるのです。時間を制した者が交渉の勝利を収めるということを覚えておきましょう。

覚え書き法

とったメモから有利な契約内容をまとめて、相手に提案する

あなたは商談の際にメモをとっているでしょうか。「メモなんてとらなくても内容を覚えているから大丈夫」「面倒くさい」などといって怠っていませんか?

実は、このメモをとるという作業は、ビジネスにおいてとても大切です。

商談中にメモをとる姿は、丁寧な仕事をする人という印象を相手に与えることができます。こうした安心感は交渉を進める上で大きな効力を発揮することがあります。

だいたいの概要や納期、価格など、双方納得のいく商談ができたとしても、微調整が必要な小さな事項や、お互いの気づいていない部分などがきっとあるはずです。こうした際には、とっていたメモを活用します。メモをもとにこうしたこまごまとした案件をまとめ、先方に覚書や契約の細目として提案するのです。大切なのは、相手ではなくあなたがまとめ、提案するということ。こうすることで自分の側に有利な契約内容へ持っていくことも

メモをとることのメリット

○打ち合わせの抜け漏れをなくす
５Ｗ２Ｈがそろっているかチェックするなど

○相手に「きちんと聞いている」という印象を持ってもらう
「丁寧な仕事をする人」という印象を相手に与え、安心感を持ってもらう

○契約内容としてまとめることで、契約条件交渉のイニシアティブをとる
メモをもとに、契約条件の細部を整えて、相手へ提案する

できます。

「覚え書き法」とは、このようにあなたの側で覚書や契約書をつくることです。

たとえば、「とったメモをもとに、こちら側の法務課と相談して、無料で覚書をつくらせていただきます」と先方に伝えるのです。

仮に外部の専門家や弁護士を雇うことになって費用がかかったとしても、こちらが契約内容のイニシアティブをとって進めることができるのですから、交渉全体を見通せば、こちら側に有利な条件で契約を締結できるというわけです。

メモをとる習慣のなかった人は、これから積極的にメモをとるようにしましょう。

水道修理店の教訓

サービス提供前に条件交渉は完了させておくこと

たとえば、水回りの修理のために水道店の人を呼んだとします。素人では決して直せなかった水漏れも、彼らに任せればあっという間です。

さて、いざ直ってしまった後に金額を要求されたとき、人は「たったこれだけの作業でこんなに高い金額を払わなきゃならないのか」と、思わず支払いを渋りたくなるものです。

ここからわかることは、サービスの価値は、問題を解決した後よりも、問題解決の前のほうが圧倒的に高いということです。

水周りの修理のケースでは、自分では直せなかったから、修理する業者が必要だったわけです。問題解決の前の時点では、自分から連絡をとるほど、サービスを求めています。

ところが修理が完了し、水漏れの問題が解決してしまうと「のどもと過ぎれば熱さ忘れる」のことわざどおり、サービスのありがたみは激減してしまいます。そのサービスにど

サービス提供は交渉・契約を成立させてから!

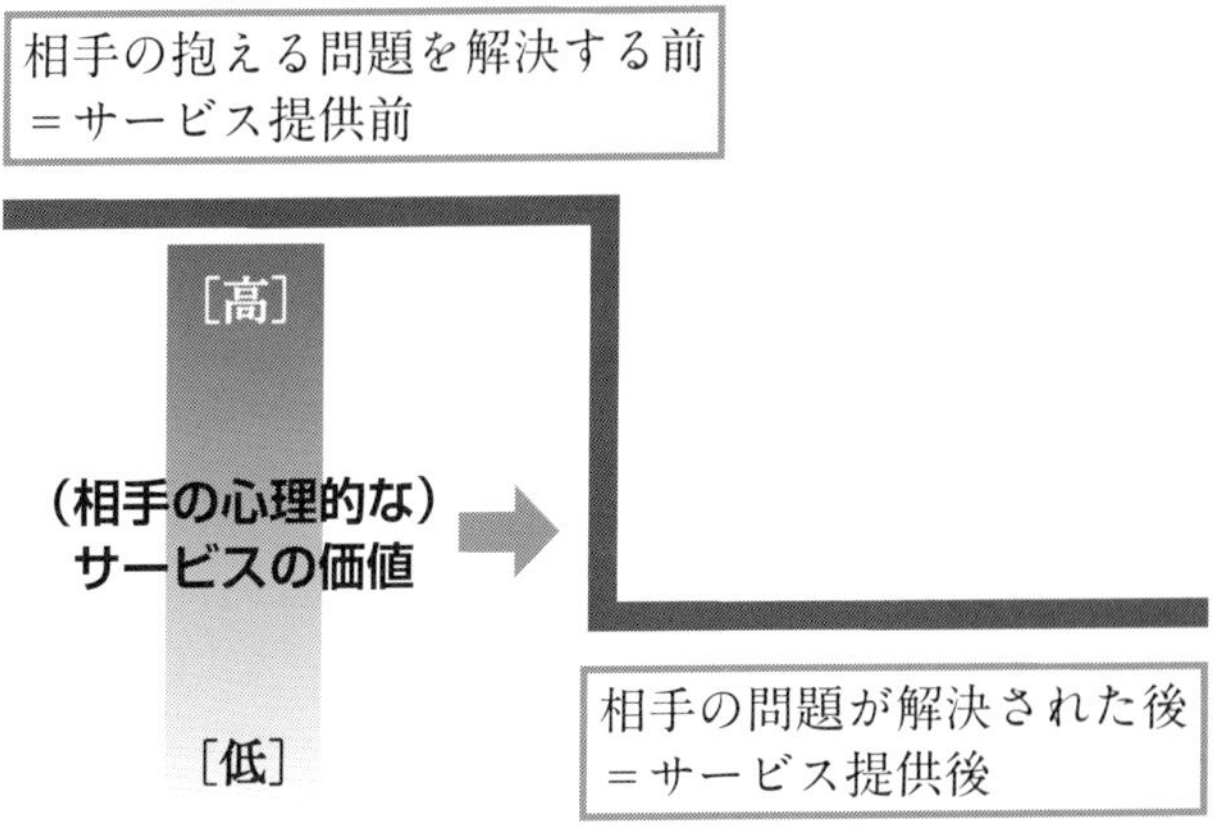

んなプロの技が隠れていたとしても、高いと感じてしまうのです。

この「水道修理店の教訓」から、相手の問題を解決する前に、交渉は成立させておかなければならないことがわかります。

交渉力に自信がないから、先に実力を示そうとサービスを先にしては損なのです。

一方、サービスを提供した後に必要なのはアフターフォローです。

サービス精神と笑顔を忘れず、サービスを受けた側の期待を超えることで満足度を少しでも高める努力をしましょう。

PEARサイクル

交渉の4つのプロセスを踏まえて、成功につなげる

交渉から成約に至るまでは、どのようなプロセスを踏むと効果的なのでしょうか。ここでは、交渉の達人が実際に使っているプロセスから学んでみましょう。

達人がとる交渉のステップをつぶさに調べてみると、4つのプロセスにまとめることができます。これを各ステップの頭文字をとって「PEARサイクル」と呼びます。

Pは「Plan」―計画のことです。事前に交渉の計画を立てておくことを指します。

Eは「Encounter」―当事者双方のことで、交渉にあたってよい雰囲気をつくり、双方の関係性を良好にしていくことです。

Aは「Agreement」―交渉を合意に導くこと。

Rは「Relation-ship」―合意内容を誠実に遂行し、よい関係を持続させることです。

具体的に見ていきましょう。あなたは車を購入しようとしています。そのためにさまざ

交渉で踏むべき4段階のプロセス

Plan・・・**計画**
事前に交渉の計画を立てておく。

Encounter・・・**当事者双方**
交渉をはじめる前に、よい雰囲気づくりをして、スムーズな関係を築く。

Agreement・・・**合意**
交渉での折衝や駆け引きを経た上で、合意に導くこと。

Relationship・・・**人間関係**
交渉での折衝や駆け引きを経た上で、合意に導くこと。

まな角度から情報を仕入れます。これが「Plan」です。

次に、実際に販売店に行って営業マンに会います。ここでよい関係になれるでしょうか。営業マンの態度が悪ければ、別の店に行くことでしょう。これが「Encounter」です。

ここではじめて価格などの交渉に入ります。交渉で双方が納得すれば購入となります。これが「Agreement」のプロセスです。

最後に納車してもらい、アフターケアも万全に整えてもらいます。これが「Relationship」となります。

このようなステップがあることを意識して、交渉に臨みましょう。

Chapter8

交渉・説得に役立つ質問法のキーワード

攻撃は最大の防御

矢継ぎ早に質問を投げかけて交渉を優位に進める

昔からよくいわれる格言に「攻撃は最大の防御なり」というものがあります。誰もが聞いたことのあるこの言葉は、交渉や説得の場面でも有効です。

たとえば値段交渉の場において、「もう少しまけてください」とか、「納期を少しでも早めてほしいです」といったあいまいな〝お願い〟では、交渉になりません。大切なのは、具体的な数字や条件を挙げて、明確な落としどころを調整していくことです。

このような場面でいきてくるのが「攻撃は最大の防御なり」の質問です。

次から次へと具体的な数字を挙げた質問をたたみかけるように投げかけるのです。このときの数字とは、希望する具体的な値引き額や、相手の競合が提案している価格などです。

ここで重要なのは、この手法は相手に揺さぶりをかけるのが目的であるいうことです。ただの〝お願い〟では相手は少しも動じません。

交渉時には、こちらからどんどん質問を投げかけよう

- 根拠を示すことのできる
- 具体的な数字などの明確な条件を
- 質問のかたちで
- 矢継ぎ早に投げかけよう

⬇

質問されることで、相手は
- 「答えなくてはならない」という心理になる
- あなたの希望する条件をベースに検討しようという心理になる

⬇

イニシアティブをとって交渉ができる！

質問のかたちで投げかけると、心理的に答えなくてはならないという気持ちに相手は追い込まれます。ですから、具体的な根拠のある数字を矢継ぎ早に質問していくことで効果が上がるのです。

あなたの質問に対して、相手も先方の数字の正当性を示してくることもあります。しかし、あなたの要望を先に耳にしたことで、具体的な値段や条件のボーダーラインがわかってきます。そうなれば、相手にも検討する余地が生まれてきます。なんとか成約に結びつけたいと思っている相手なら、譲歩を検討するでしょう。

人間質問

説得の第一歩は、相手の本質を知るための質問

ビジネスにおいても、プライベートにおいても、他人を説得するために必要なのは、まず相手を知ることです。

相手の性格や人間性、仕事に対する考え方をリサーチし、その人のパーソナリティ本の質を知っておけば、相手に合わせて、こちらの態度を柔軟に変えていくことができます。そうすれば、交渉を成功させる近道になります。

たとえば、相手が非常に注意深く仕事を進める人ならば、こちらも計画性を重視し、慎重な態度を見せましょう。相手がおおらかな性格の人ならば、単刀直入に大胆な提案を持ちかけると功を奏することがあるかもしれません。

相手の人間性をつかむ質問のことを、人間質問といいます。

これによって物事に対する相手の態度を見極めることができれば、相手の心理を先読み

質問例　相手の本質を操る質問［車のセールスの場合］

- ドライブはお好きですか?
- アウトドアなどはされますか?
- どちらかというと穏やかな性格ですか?
- 物事を慎重に進めるタイプですか?
- こだわっている点は、どこですか?
- どのようなデザインがお好みですか?

して行動することができるようになり、交渉ごとも有利に進めることができます。

でも、相手はすぐには個人的な質問に答えてくれないかもしれません。どうすればいいのでしょうか。

それには、まず、あなたのことを先につまびらかにすることです。自己開示をしておけば、相手の警戒心が薄れ、隠し事をあまりしなくなるでしょう。その上で、相手の好きなことやこだわり、休日の過ごし方などといった質問を投げかけるのです。

相手の人間性をひもとく中で、自分との共通点が見つかれば、そこから共感ゾーンを広げていきましょう。

現状質問

相手の現状を知り、より的確な提案をするための質問

前項の人間質問によって、相手個人の本質を知ることができたのなら、今度は相手の置かれている環境や状況を把握することが必要になります。

そのための質問のことを現状質問といいます。

この質問から得られる情報によって、相手を説得したり、相手へ提案したりする際のあなたの発言が的外れでないものになります。

現状質問に必要なのは、できるだけ具体的な答えをもらえる内容にすることです。

たとえば、車のセールスを例にとってみましょう。「現在乗っていらっしゃるのは、どちらのメーカーのものですか?」「ご購入されて何年くらいですか?」「1週間にどのくらい運転されますか?」といった質問が現状質問です。

質問例 相手の現状を把握する質問［車のセールスの場合］

- 現在はどの車種に乗っていますか?
- 現在お持ちのお車はどのくらい前から乗られているのですか?
- お車をどのような用途でお使いですか?
- どのくらいの頻度で運転されますか?
- 予算はおいくらでお考えですか?
- 現在どのような状況ですか?

すると、相手から「今は××社製だよ」「もう10年くらいかな」「週末しか乗らないんだよね」と具体的な答えを得ることができます。

こうして相手の置かれている状況を知ることができれば、どのような内容の提案をすることが可能なのかがわかります。

それと同時に、相手に現状を再認識させることにもつながります。質問で得た答えは、自分と相手、双方の共通認識となるのです。

現状質問の形式としては、第4章で紹介した「Dで始まる質問」が有効です。「どこの・どんな・どのくらい（時間や量）」などの質問をすることによって、現状を具体的に把握することができるのです。

問題発見質問

相手の抱えている急所を明らかにするための質問

人間質問で相手との人間関係を築き、現状質問で相手の置かれた状況を把握したら、最後に提案内容を具体化するための問題発見質問をします。

問題発見質問は、相手の抱えている問題や、将来の希望を聞くための質問です。この質問をすることによって、相手を的確に揺さぶることのできる「急所」を明らかにし、そこをピンポイントに狙った提案ができるのです。

たとえば、「新車ご購入にあたってのポイントは何ですか？」「今の車で、ご不満な点はどこですか？」といった質問です。「現時点での問題点は何ですか？」とストレートに問題そのものを聞くのもいいでしょう。

このように、「人間質問」→「現状質問」→「問題発見質問」と意識的に分類し、順序

質問例　問題を明らかにする質問［車のセールスの場合］

- どんな機能があるといいと思われますか？
- どういった車種がご希望ですか？
- お支払い方法はどういう形でお考えですか？
- 今のお車で何かご不満な点はありますか？
- どの点がポイントだと思われますか？
- 何か問題はおありですか？

立てて質問していくことで、いろいろな角度からの情報を得ることができます。

その情報を分析すれば、状況に応じたベストな解決案を提示することができ、相手を説得しやすくなるのです。

また、相手とのいいコミュニケーションを築いたうえで、段階を踏んで提案に入ることができるので、「自分のことをよく理解してくれている」と感じた相手は、説得をすんなりと聞き入れてくれるのです。

相手を説得するためには、自分の考えを一方的に押しつけるのではなく、相手の話を聞き相手の状況を知った上で、共に問題解決にあたるという姿勢を見せることが必要です。

解決暗示型の質問

相手の不満・不安の解決を暗示して、本当の問題をいぶり出す

お客様からのクレームや、商談で反論を受けた場合、どうしても慌ててしまうものです。そんな場合でも、まずは冷静に対処することが大切です。

このような事態をうまく収めるために効果的なのが、解決暗示型の質問です。これは、解決を暗示するような内容の質問をして、そこから相手が問題視しているポイントを絞り込んでいく方法です。

相手からクレームや反論があったら、まずクッション話法で受けとめます。たとえば、自分のお勧めしている製品を、お客様から「高い」といわれたとします。その言葉に対して、「確かにそこは重要なポイントだと思います」といったん相手の主張を受けとめます。

そして、こう続けるのです。

「それでは、その問題さえ解決すれば、他は問題ないということでよろしいですか？」

質問例　解決暗示型の質問

「おたくの商品はちょっと高いからね」
「確かにそこは重要なポイントだと思います。それでは、その問題さえ解決すれば、他は特に問題はないということでよろしいでしょうか？」

「そうだね、その点だけかな……」
「わかりました。では、価格に関しては上司と相談させてください」

「価格だけではないからな……」
「他に何か問題があれば教えていただけますか？　解決につながる方法があるでしょうか？」

このように、「解決する」という前提で、相手が不満や不安を抱いているポイントを探っていき、本当の問題点を浮き彫りにします。

さきのあなたの質問に対して、相手が「その点さえクリアすれば…」という反応であれば、「では、価格に関して上司と相談させてください」と、問題を解決するための具体的な姿勢を見せます。

また、もし相手が、「でも、価格だけではないから」と答えるようであれば、「では、他にも問題があれば教えてください」と問題点をすべて洗い出していき、本当の問題は何かつきとめるのです。

質問切り返し型の質問

相手からの質問に、質問で切り返して的確なニーズ情報を得る

「ここはどうなっているのですか?」などと、意図がよくわからない、あいまいな質問を、相手からされた場合、どう返答するのがよいのでしょうか。人は質問されると答えなくてはならないという心理がはたらきます。そして、とにかく思い当ることを答えようとしてしまいます。

しかし、相手の意図がわからないのに自分の手の内を明かすのは、得策ではありません。質問に対してのあなたの答えが、相手の意図にかなう内容のものでなければ、そこで話が終わってしまうからです。

こんなとき、相手の具体的な意図を引き出せるような質問で切り返すと効果的です。このような質問を、「質問切り返し方の質問」といいます。

たとえば、「他にどんな商品があるの?」という質問をされたとしましょう。

質問例　質問切り返し型の質問

NG

「他にはどんな商品があるの?」

「○○や××といったものがあります」

「じゃあうちには合わないね」

OK

「他にはどんな商品があるの?」

「そうですね。御社ではどのような商品をご希望ですか?」

「なるべくコストは抑えたいからね。維持費がかからないものがいいね」

「それならご用意できます。こちらの商品はいかがでしょう」

それに対して、「○○と××と…があります」と手の内を明かしてしまうと、「それだったら、別に必要ないな」という答えで終わってしまうかもしれません。

この場合、「どのような商品をご希望ですか?」と、こちらも質問で切り返すのです。

質問に質問で返すのはあまりよくないといわれますが、この場合は相手に見合った提案をするための布石になりますので効果的です。

この切り返しの質問に対し、相手が「なるべくコストを抑えたいので、維持費の安いものがいい」と答えてくれれば、その条件に見合った商品を提案するのです。

ぜひ身につけておきたいテクニックです。

成功例提示型の質問

相手の不満や懸念を、そのまま商機につなげるテクニック

あなたがいろいろ説明しても、なかなか相手が納得してくれなかったり、不満気な顔をされたりしたときに効果的なのが、成功例提示型の質問です。

この質問は、既に成功した第三者の事例を交えて質問する方法です

「この商品は高いね」と不満を示す相手に対して、「そんなことはありません」と返してしまっては、相手の主張をただ退けているだけのことで、商機にはつながりません。

そこで、この成功例提示型の質問を返してみます。

「みなさん、はじめはそうおっしゃいます。A社のご担当の方もそうでした。でも、今ではお得意様になっていただいています。B社もそうです。最初は渋られていた方の多くが、現在導入してくださっております。なぜならこの商品には◯◯と××というメリットがあるからです。どう思われますか?」

質問例　成功例提示型の質問

「おたくの商品はちょっと高いからね」

「確かに最初はみなさんそうおっしゃいます。A社のご担当の方もそうでしたが、現在ではお得意様になっていただいております。B社もそうです。なぜなら……。どう思われますか?」

第三者の成功事例を提示して、相手に問いかける!

このように返すのです。

人は、利害関係のない、まったくの第三者の言動は信用するものです。

第三者の成功事例を交えて質問すると、「それだけ成功した事例があるなら、自分にも当てはまるに違いない」という気持ちになっていくのです。

不満を持っている人に真っ向から反論してしまっては、相手の感情をただ害すだけの結果に終わってしまいます。

このように、前向きな事例を取り上げて質問することで、相手に「そうかもしれない」と思わせながら、自分の主張を続けることができるのです。

利益強調型の質問

メリットを強調して、乗り気でない相手をもうひと押ししてやる

あなたの勧める商品に対して、「高い」と感じていて、買うかどうか迷っている相手には、もうひと押しするテクニックが必要です。

ここではメリットを強調してアピールする、利益強調型の質問を見ていきましょう。

商談において、自社製品の特長を述べるのは当たり前のことです。しかし、相手はその中からも、何か不満を感じる要素を突いてきます。

たとえば、「価格が高い」という不満を示している相手には、どのような質問がよいのでしょうか。

まず、クッション話法で「他社に比べて、確かに価格は少し高めです」と、相手の主張が正しいことをいったん認めます。

その後に、「しかし、それ以上に、品質・機能の差は段違いです。絶対の自信があります。

会話例　利益強調型の質問例

「おたくの商品はちょっと高いからね」

「おっしゃるとおりです。確かに価格は少し高めですが、その価格差以上に、品質・機能には絶対の自信があります。この価格差なら、上質なもののほうがいいと思われませんか?」

相手の不満は認めたうえで、別の観点からの利益を具体的に伝えて問いかけよう!

価格差を埋めてあまりあるメリットがこれだけあります。上質なものの方をお選びいただいたほうが、後々までお役に立てると思いますが、いかがでしょうか?」といった内容で続けるとどうでしょう。

その商品の品質・機能に、「確かにそうだ」と相手に思わせる説得力さえあれば、前向きに購入を考えていただけるでしょう。

相手に伝えるメリットは、具体的かつ、わかりやすいものである必要があります。

もしあまり相手が反応しないようなら「では、どういった点を重視されますか?」と質問して、相手が他にも不満を抱いていないか、洗い出すようにしてみましょう。

トライアルクローズ

相手の気持ちを確かめるトライアル（テスト）の質問

セールスマンの目的は、お客様と契約を結ぶことです。この契約を結ぶこと、または契約するという最終的な意思確認をとることを「クロージング」といいます。ひととおりの商品説明を終え、あとはお客様へ買うか否かの意思確認を行うだけとなったとき、契約にこぎつけるためのもうひと押しにうってつけなのが、トライアルクローズという質問テクニックです。

トライアルクローズには、3つのステップがあります。

まず、一般的な質問をします。

「どうでしょうか。わたしの説明でおわかりいただけたでしょうか？」

こんなシンプルな質問をぶつけてみましょう。相手がどのくらい買う気になっているのかを探るのです。これに対して非常に前向きな返答が返ってくるようであれば、もうクロ

トライアルクローズ

あとは買ってもらえるかどうかの意思確認をとるだけになった段階で…

第1ステップ・・・一般的な質問

「説明は十分におわかりになりましたか。いかがでしょう？」

あまり反応がよくない ↓

買う気を感じさせる前向きな返事 ➡ 本当のクロージングへ

第2ステップ・・・ポイント質問

「色やデザインは、どれをご希望でしょうか？」
など、的を絞った具体的な質問で反応を探る

あまり反応がよくない ↓

買う気を感じさせる前向きな返事 ➡ 本当のクロージングへ

第3ステップ・・・仮定質問

「もしお買い上げになるとしたら、何色がよろしいですか？」
仮定の話として気軽に答えてもらい、そもそも買う気があるのか探る

はぐらかさずに、具体的な返事が返ってきたら ➡ その返事を足がかりに話を展開

ージングしてよいタイミングです。

あまりはっきりと前向きな返答を得られなかった場合は、次のステップへ進みます。

次は「ポイント質問」です。たとえば、色やデザイン、使い方といった、的を絞った具体的な質問をするのです。ここまでで、だいたいの相手の意思を把握することができます。

それでもまだあいまいな返事に終始するようなお客様には、3つめのステップです。「もし購入するとしたら何色がよいですか？」といった「仮定の質問」で相手の買う気を探るのです。「赤ならいいかな」などと、具体的な相手の要望を引き出すことができれば、そこを足がかりに話を展開していきましょう。

ＡＳＫ ＩＦ法

「もしも～だったら」という仮定の話で、相手の本音を聞き出す

商談や交渉において、相手がなかなか本心を明かしてくれないために、こちらは情報不足で、具体的な提案まで話を持っていけない場合があります。

こうした場合には「ＡＳＫ ＩＦ法」を使って、相手の心の内を探ってみましょう。

「もしも～だったら」という仮定の話をして、相手に答えてもらう方法です。

たとえば、商談しているお客様がなかなか具体的な希望金額を示してくれず、いくつかある商品のグレードのうちのどれを本命だと考えているのか、わからないといった場面では、「もし、ご購入されるとしたら、予算はどのくらいでお考えですか？」と質問します。

相手が「買うとしたら１００万円くらいかな」などと答えてくれれば、そこから提案すべき商品のグレードを絞り込めます。

「もしも～だったら」という仮定の話ですから、相手が慎重な人であっても、警戒心や負

流れ　説得するための質問の流れを覚えよう

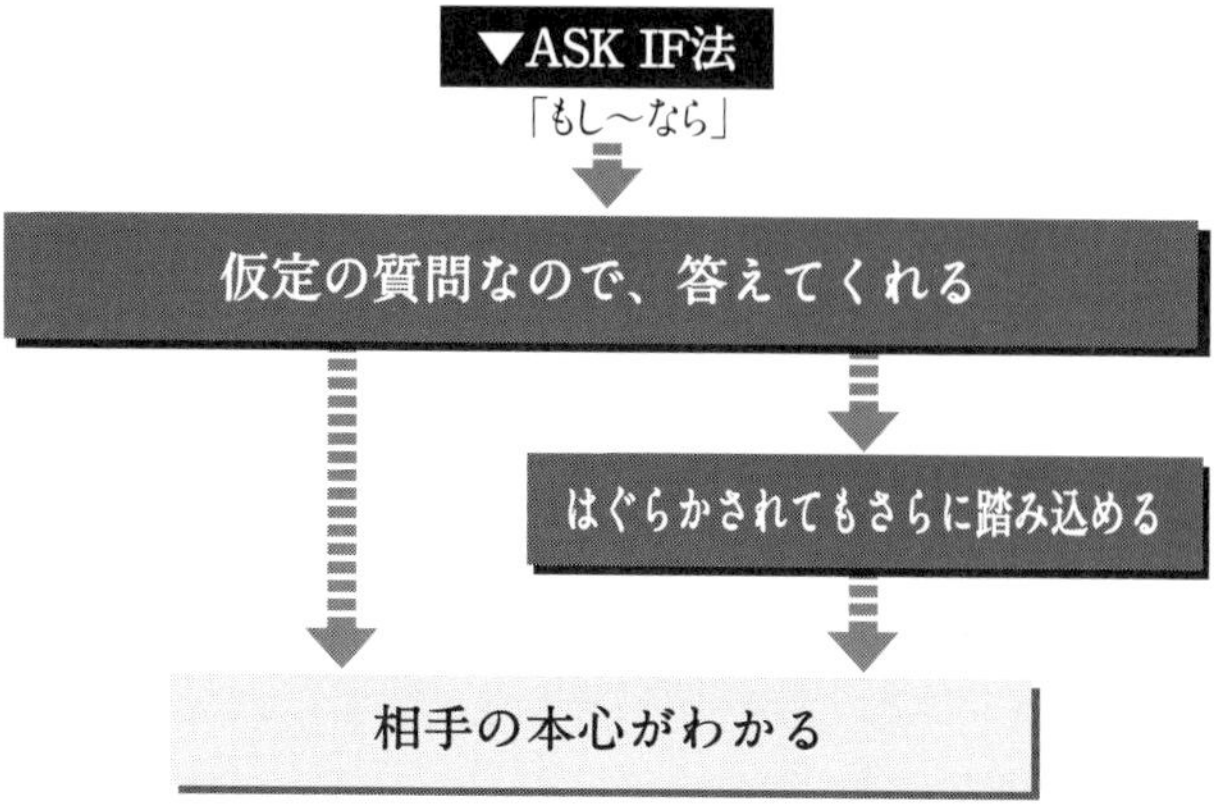
▼ASK IF法
「もし～なら」
仮定の質問なので、答えてくれる
はぐらかされてもさらに踏み込める
相手の本心がわかる

担感をさほど感じさせないのが、ＡＳＫＩＦ法の特長です。気軽に答えてもらえばいいのです。

仮定とはいえ、質問された相手も購入する場面をイメージすることになります。ですから、その答えは極めて実現性が高いのです。

ただし、一度聞いただけでは、はぐらかしてくる相手もいます。

そんなときは、「あくまでも仮定の話ですから」と、もう一歩踏み込んで聞くことも可能です。ただ想像してもらうだけですから、相手の実質的な負担はまったくありません。遠慮せずに、踏み込んでみることです。

「ほかに何か」の質問

習慣にしたい、相手の隠れた本音をキャッチする質問

なかなか本音をいってくれない相手に対して、「ASK　IF法」などを使っても、相手がどうも煮え切らない態度を示すことがあります。

そんな時は、相手はあなたの想定している問題とは別の大きな問題を抱えているかもしれないと、疑ってみるべきです。

たとえば、商談で、「もしご購入いただけるとしたら、ご予算はいかほどでしょうか？」という仮定の質問に対して、相手から「うーん、予算はまぁ、それなりにね…」といったあいまいな答えが返ってくるようだったら、予算に関する問題だけにこだわっても意味はありません。相手が予算以外に何か別の障害となる問題を抱えていないか、なるべく早く本音を聞き出して、対処する必要があります。

このようなときに有効なのが「ほかに何か」の質問です。

想定外の問題をキャッチする「ほかに何か」の質問

こちらから質問して答えてもらうことで…

○　会話の流れのイニシアティブをとれる

⬇　しかし

✕　想定外の問題を相手が抱えていると、
気づかないことがある

⇓

思いどおりに話が進まないときはもちろん、
順調に話が進んでいるときにも、
「ほかに何か」の質問で、想定外の問題をキャッチしよう！

先ほどのケースなら「と、おっしゃいますと、予算のほかに何か問題でも？」とすぐに切り返してみるのです。すると相手は、「いや、実はね…」と、思ってもいなかった別の問題を明かしてくれるかもしれません。

「ASK　IF法」に限らず、質問は会話や交渉のイニシアティブをとることのできるメリットがありますが、こちらが主導権を握っている分、想定外の問題があっても、おろそかになる危険があります。

ですから、あなたの思いどおりに会話が展開しているときでも、時折、「ほかに何か」の質問を織り交ぜて、隠された問題点を明らかにしていきましょう。

ＴＩＰ

交渉の行く末を決める3つの要素

交渉で重要なのは、相手よりも有利に物事を進めていくことです。

しかし、有利に進めているのに、うまく交渉をまとめることのできない人もいます。そんな人に不足しているのは決定力です。

交渉において、特に強い決定力を持つ3要素をまとめて「ＴＩＰ」と呼びます。これは、時間（Time）、情報（Information）、力関係（Power）の頭文字をとったものです。

時間の持つ決定力というのは、たとえば相手の時間的なデッドラインを押さえることです。あと1台車が売れれば今月の売上目標が達成できるという状況の自動車販売店に、月末の閉店間際に訪れたとしたらどうでしょう。あなたの立場は相手よりも自然と優位になります。

情報の決定力とは、交渉に有利になる情報の量であったり、相手の時間的制約のような

交渉の決定力を高める3つの要素

T ime・・・時間
相手の時間的制約を逆手にとるなど。

I nformation・・・情報
交渉で有利に立つための情報をどれだけ持っているか。
決定的な情報を持っているか。

P ower・・・力関係
表面的な力関係だけでなく、相対的に相手より上に立てる部分はないか。

決定的な情報を持っているか否かです。交渉相手から、競合他社の社員から、公的に発表されている刊行物からと、質問を駆使してさまざまな角度から得ることができます。

力関係とは、表面上のものではなく、双方の関係によって生じる相対的なものです。通常はお金を支払う側が力を持っていることになりますが、買い手の求めるものが希少な商品であったり、買い手がいくらでもいるような人気商品であれば、売り手側が強い立場に立つこともあります。

これら3つの要素を意識しながら駆け引きすることで、あなたの交渉に決定力が生まれてきます。

Chapter9

多数の人を前にして話すプレゼンのキーワード

TWA方式

プレゼンにおいてもっとも重要な3つの要素

仕事をしていると、大勢を前にしたプレゼンから、部署の会議での発表まで、人前で説明する機会は数多くあります。日本の学校ではプレゼンのやり方はほとんど教えられませんから、基本的なルールも具体的な方法も知らずに、我流でやっている人が多いようです。

そのため、日本で行われるプレゼンでは、「KDDI方式」と呼ぶやり方が目立ちます。これは、経験（K）、度胸（D）、出たとこ勝負（D）、いい加減（I）の略です。

そして、こんなやり方で行われたプレゼンに対する聞き手の評価は、「NTT方式」になるといわれています。眠い（N）、つらい（T）、退屈（T）の略です。せっかく準備に時間をかけたプレゼンが、こんな評価を得てしまってはたまりません。

しかし、この話し手と聞き手の「KDDI方式 対 NTT方式」という図式には、きっと身に覚えがあるのではないでしょうか。

プレゼンは「TWA方式」で

T

●楽しい

メリハリがあって堅苦しくない説明なら、聞き手を退屈させず、「また聴きたい」という印象を与える。

W

●わかりやすい

説明内容が噛み砕かれたわかりやすいものだと、聞き手もよく理解できて心地よく、集中力が途切れることがない。

A

●ありがたい

聴衆が聴いてくれている時間を無駄なものにしないように、役に立つ情報を密度濃く提供し、聞き手から感謝されるプレゼンを目指す。

そこで、目指すべきプレゼンはTWA方式であると覚えておきましょう。

TWA方式とは、楽しい（T）、わかりやすい（W）、ありがたい（A）の略です。

聴衆を楽しい気持ちにさせれば、「また聴きたい」という印象を与えます。

説明内容がわかりやすく、よく理解できるものだと、聴いている時間に退屈などさせません。

そして、役に立つ情報を聴衆に提供できれば、聴いていた時間を無駄だったなどと思われず、聞き手から感謝されます。

このようなプレゼンができるようになることが、この章の目的のひとつです。

EFP法

熱意を持って、友好的に前向きな姿勢で話そう

プレゼンなど大勢の前で説明するときには、聴衆の心を引きつけるような雰囲気をつくることが重要です。

そのためには、あなたが話すときの態度が肝心。説明の際の態度について、心がけたい3つのポイントをまとめたものがEFP法です。

Eは「熱心さ（Enthusiastic）」のことで、熱意を持って話すプレゼンターの態度が聞き手の心に訴えかけることを意味します。このことは、老若男女いかなる相手であっても変わりません。つまり、真摯な姿勢で相手に話しかけることが大事なのです。

Fは「友好的（Friendly）」な態度のこと。家族や親しい友人に接するときのような態度で、聴衆に語りかけることを示しています。

人前で話すからといって、改まった話し方に終始してしまったら、他人行儀な雰囲気を

EFP法

大勢の前で説明するときの態度は…

E	(Enthusiastic)・・・	熱心な、エネルギッシュな、真摯な態度
F	(Friendly)・・・	友好的な、気さくな態度
P	(Positive)・・・	肯定的な、前向きな態度

この3つを心がけよう！

感じてしまい、聴衆はあなたとの間に心の距離を感じてしまいます。それでは聴衆に心を開かせることはできません。距離感を感じさせない友好的な話し方を心掛けましょう。

Pは「前向きで肯定的（Positive）」な姿勢であれということです。あなたの話を聞いている人たちをおとしめないことはもちろん、あなた自身に対する言い訳もしてはいけません。「準備不足ですが」「口下手ですが」などという、先に失敗したときの言い訳をしておくような発言は、ときに「侮辱された」と相手に感じさせる恐れもあります。絶対に避けるようにしてください。

アイコンタクト

一対多数のプレゼンでも、聴衆の1人ひとりと目を合わせていく

「プレゼンのときにどこを見て話せばよいのかわからない」という人は多いでしょう。きょろきょろしたり、天井を見上げたり、目を伏せたりして、落ち着きのない印象を聴衆に与えてしまっては、いくら内容自体はすばらしくても、聞く人の心をつかむことはできません。

プレゼンの成否は、目の使い方にかかっているといっても過言ではないのです。

プレゼンにおける目の使い方には、鉄則ともいえるひとつのルールがあります。それは、聞く人とのアイコンタクトです。

プレゼンターは、常に聴衆とアイコンタクトを取りながら、つまり目と目を合わせながら話す必要があります。

「常に」という点に注目してください。これは、いついかなるときも相手の目を見て発言

大勢の前で話すときもアイコンタクトを

✕　NG！　✕

- 説明用の原稿に目を落としてばかりいる
- 説明用スクリーンやホワイトボードのほうを向いて、聴衆を見ない
- 言葉に詰まって、天井を見上げたり、目を伏せたり
- 本人は全体をこまめに見ているつもりでも、キョロキョロと落ち着きなく見える
- 聴衆のほうを向いているが、漫然と虚空を眺めている

↓

聴衆の誰か１人に語りかけるように、視線と視線を合わせて話そう！

するということです。

漫然と会場全体を眺めるのではなく、常に聴衆の誰かの目を見るのです。特定の人に視線を合わせることができれば、目が泳いだりして落ち着きのない印象を与えるようなことにはなりません。

肝心なのは、話す側が聴衆の一人ひとりと順番にアイコンタクトを取り、各々を説得していくつもりで話すことです。

プレゼンは一対多数の場面ではありますが、発言する瞬間においては一対一の関係をつくることで、聴衆の一人ひとりに訴えかける効果を得ることができます。

Look・Smile・Talk

話し始める前にするべき3つのプロセス

前項の「アイコンタクト」で紹介したように、大勢の人を相手に話をするときに大切なのは、視線です。聴衆1人ひとりの目をしっかりと見る心がまえができたら、次に何をすれば聴衆の心をひきつけることができるでしょうか。

プレゼンの始め方には、基本的なルールがあります。そのポイントを表すキーワードが、「Look・Smile・Talk」です。

まず、Look（見る）。あなたが話を始める前に、最後列にいる一人の聴衆とアイコンタクトを取ります。

次にSmile（ほほえむ）。登壇したプレゼンターが話す前ににっこり笑うと、聞き手側の人たちの半分以上がつられて笑ってしまうものです。たとえ笑うことがなかったとしても、その場の雰囲気が和やかになるのは間違いありません。

プレゼンの始め方は「Look・Smile・Talk」

話し始める前に…

①Look［見る］
話を始める前に、一番後ろの列にいる人と視線を合わせる。
②Smile［ほほえむ］
アイコンタクトをとった人に向かって、にっこりと笑う。
③Talk［話す］
目を合わせている一番後ろの人にも十分聞こえる元気な声であいさつする。

そして、最後のTalk（話す）で、目を合わせている一番後ろの人にも十分聞こえる元気な声であいさつをします。

朝なら「みなさん、おはようございます」、午後なら「みなさん、こんにちは」、夜なら「みなさん、こんばんは」というように、話のきっかけの部分にあいさつを持ってくるのです。

一番後ろの人に聞こえる声であれば、聴衆全員に聞こえるはずです。

これで、プレゼンを行うのに適切な声の大きさをつかむことができる上に、「この人は元気があるな」という好印象を、聴衆に与えることができます。

ワンセンテンス・ワンパースンの法則

ひと区切りの文は、1人の聞き手に向かって話す

プレゼンをしている間、常に聴衆とアイコンタクトをとっていくのが望ましいことは、すでに述べたとおりです。では、どのタイミングでアイコンタクトの相手を変えるのが適当なのでしょうか。

ここで登場するのが「ワンセンテンス・ワンパースンの法則」です。アイコンタクトをとった聴衆1人につき、ワンセンテンスずつ話しかけていくのが、望ましいのです。

たとえば、「来年度の事業計画についてご説明します」と発言するなら、このひと区切りの文を言い切るまでは、アイコンタクトを取っている相手から目をそらさないようにします。

センテンスの途中でその人から視線を外してはいけません。それでは、1人ひとりに語りかけることになりませんし、聴衆から見ると、落ち着きなく視線をさまよわせているよ

ワンセンテンス・ワンパースンの法則

①最後列の１人とアイコンタクトをとって、にっこり笑う
→「みなさん、おはようございます」【ワンセンテンス】
→アイコンタクトをとっている相手に向かって、うなずく
→相手もうなずいてくれる

⇓

②次の人とアイコンタクトをとる
→「来年度の事業計画についてご説明します」【ワンセンテンス】
→アイコンタクトをとったまま、うなづく

⇓

③さらに次の人とアイコンタクトをとる
→「わたしは、Ａ社Ｂ部の責任者○○と申します」【ワンセンテンス】
→アイコンタクトをとったまま、うなづく

うに見えてしまいます。

そして、ワンセンテンスを言い終えたら、うなずくように首を縦に動かしましょう。すると、アイコンタクトを取っている相手もつられてうなずいてしまうはずです。

次のセンテンスを始めるタイミングで別の人に視線を移します。次にアイコンタクトをとった人に対しても同じように、ワンセンテンスを言い終えたら相づちを求めます。

このように、プレゼンターは聴衆の一人ずつに相づちを求めながら話を進めていくことになります。こうすることで、まるで聞き手の1人ひとりと会話でもするように、プレゼンを進めることができるのです。

ジグザグ法

聴衆の全員に語りかけるための視線の移動法

前項の「ワンセンテンス・ワンパースンの法則」では、大勢いる聴衆の1人ひとりと会話でもするようなプレゼンの話し方を説明しました。これをもう少し詳しく見ていくことにしましょう。

プレゼンでのワンセンテンスは、時間にして3秒から5秒くらいと考えておきましょう。時間を合わせるために長い文を早口で話してはいけません。1つひとつの文を短くすることが重要なのです。

プレゼンで長々とした文章を読み上げている場面を見かけますが、これは効果的ではありません。聴衆の頭の中へ入っていかないからです。プレゼンというものは、簡潔な短い文をたたみかけるように話していくのがコツなのです。

視線はジグザグに移していく

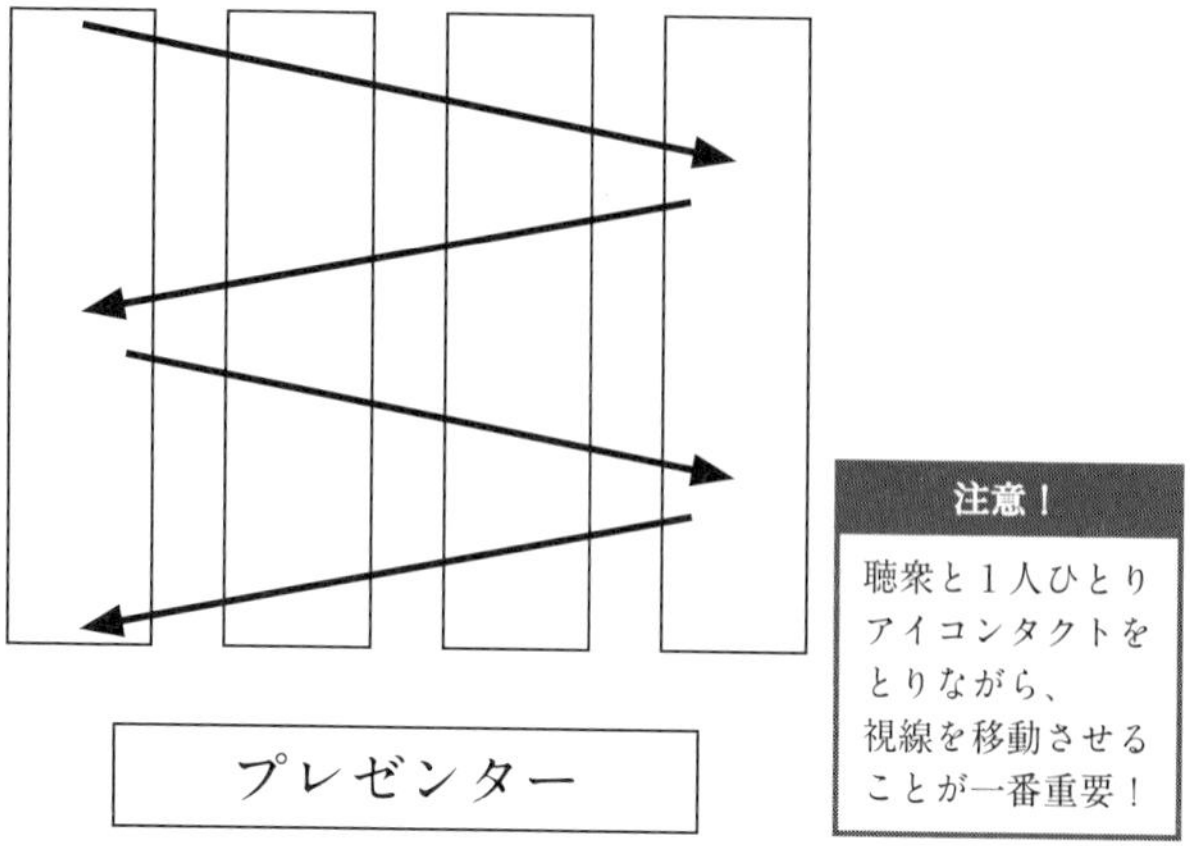
プレゼンター
注意！
聴衆と１人ひとり
アイコンタクトを
とりながら、
視線を移動させる
ことが一番重要！

こうして簡潔にするように工夫したセンテンスを、聴衆1人ひとりに相づちを求めながら話していくのが、「ワンセンテンス・ワンパースンの法則」です。

そして、そのときの視線の移し方は、左側から右側へ、一番右までいったら今度は左側へと、アイコンタクトをとる人を移していきます。そうやって、徐々に最後尾の席から前のほうの席へ向かって、ジグザグに視線を移動させるのです。

このように視線がジグザグに動くことから、これを「ジグザグ法」と呼んでいます。「ジグザグ法」を使えば、最終的には聴衆の全員に語りかけていることになります。

こっくりさん

視線を合わせるべき同調者を探そう

前項で紹介した「Look・Smile・Talk」でプレゼンを始めたら、今度は全体に気を配ってみましょう。

たとえば、視線を右側の列に移し、にこにこして話を聴いてくれている人とアイコンタクトをとっていきます。

なかには、明らかに不機嫌な顔をした人や、反発的な態度を見せる人もいるかもしれません。そういう人とアイコンタクトをとるのを避けましょう。そうした人と目を合わせると、相手の冷ややかな視線で話す側が萎縮してしまい、話をしにくくなります。毎日プレゼンテーションを行うようなベテランの人間であっても、嫌な気分にさせられるものです。

最初のうちは、好意的な態度を示してくれる人だけを見るようにします。

プレゼンの会場内には、あなたの話を聴きながら、しきりにうなずいている熱心な人がいるはずです。

このような人を「こっくりさん」と呼びます。「こっくりさん」を見つけたら、その人に話しかけるようにすることで、話す側に自信が湧き、プレゼンがしやすくなります。

まず、右側の列にいる「こっくりさん」とアイコンタクトをとって、プレゼンのテーマを述べます。

言い終えたら、今度は左側の列に座っている「こっくりさん」に向かって自己紹介をします。

こうして、次々と「こっくりさん」を見つけて話しかけていくことで、気分よくプレゼンテーションを進められるのです。

聴衆の中から「こっくりさん」を探せ!

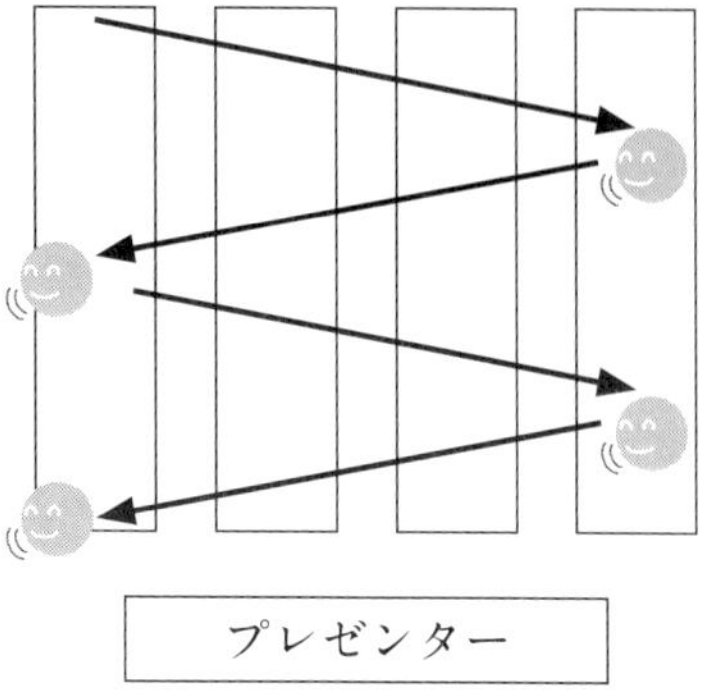

不機嫌そうな人、挑戦的な態度の人とはアイコンタクトをとらず、
ニコニコと話にうなずいてくれる人を探して、アイコンタクトをとろう！

Show・See・Speak

どんなときも聴衆とアイコンタクトをとってから話す

プレゼンなどにおいてよく見られがちなのが、用意された原稿をそのまま読みあげているというシーンです。せっかくモニターやスクリーンなどを使って説明していても、聴衆といっしょになって画面を見て説明しているのでは、あまりプレゼン上手とはいえません。

プレゼンで大切なのは、聞き手の目をきちんと見てアイコンタクトをとって話すこと。そうしなければ、伝えようとする内容がどんなに素晴らしいものであろうと、聞き手の心には半分も届かないのです。

そこでご紹介するのが、「Show・See・Speak」という方法です。このテクニックを使えば、スクリーンやホワイトボードなどに顔を向けたまま話すことはなくなります。

具体的には、まずスクリーンに表示されている説明のポイントとなるところを、手などで指し示します。ここではまだ話し始めません。ただ指し示すだけでよいのです。これが

聞き手の目を見て話さなければ、説明内容は伝わらない!

NG!

- ✕ 聴衆に背中を向けて、スクリーンやホワイトボードの説明を読み上げる
- ✕ 手元の原稿に目を落としたまま、説明する

↓ そうならないためには…

①Show

スクリーンに表示された説明したい部分を指し示す。

↓ まだ話し始めない!

②See

聴衆の1人とアイコンタクトをとる。

↓ まだ話し始めない!

③Speak

聞き手と視線を合わせてから、話し始める

「Show（見せる）」です。

それからゆっくりと聴衆のほうを向き、聞き手とアイコンタクトをとります。これが「See（相手を見る）」です。

そうしたうえで、はじめて話し始めるのです。「Speak（話す）」の前に、2アクション入るわけです。

このプロセスを厳密に行うのは難しいと思います。

しかし、「話したい部分を指し示し、聞き手の目を見てから、話す」、これを繰り返すのが理想的なプレゼンテーションです。

練習すれば、誰にでもできるようになるテクニックです。

怒涛波返しの術

話す声のボリュームにメリハリをつけよう

プレゼンはもちろん人との会話自体、こちらの声が相手に届いていなければ成り立たないというのは、当たり前のことです。

プレゼンでは、会場内の全員に届く大きな声を出すこと、マイクを使っているならばハッキリとした発声をすることが、聴衆へあなたの話を伝えるための第一の条件です。

とはいえ、大きな声を出すだけでは不十分です。聴衆の耳には声が届いていても、その頭の中まで入っているかは別問題です。

話し方が一本調子で、メリハリに欠けると、聴衆のなかにこくりこくりと船を漕ぐ人も出てきます。学生時代、先生の抑揚のない声を聴きながら、講義中についうとうとしてしまった経験のある方も多いのではないでしょうか。

そうさせないためには、声に変化をつけることが大切です。聴衆の緊張感を刺激するに

声のボリュームにメリハリをつけよう!

大前提

聴衆全員に届く声の大きさ、はっきりとした発声

とくに大きな声で

強調したいポイントを話す

声を小さくひそめて（秘密の話をするように）

聴衆の注意力を高める

は、ときどき大きな声を出すことが効果的であるといわれています。

これを利用したのが「怒涛波返しの術」です。あるときには怒涛のように迫力のある大きな声で話し、またあるときには波が引いていくかのように抑えた声で語るのです。

声の変化の幅が大きければ大きいほど、聴衆はプレゼンターの声に注意を払うようになります。

強調したいところは大きな声で話すのが一般的ですが、あえて小さな声で話した方が聴衆の注意力を喚起し、効果的な場合もあります。声の大小をうまく使い分けた話し方を、日頃から訓練しておきましょう。

ＡＭ理論

聴衆の態度を事前に推測する理論

あなたの会社で社内研修や講演が行われる際、自由な席に座っていいといわれたら、あなたならどの席に座りますか？

実は、このときにどの席から埋まっていくかで、その会社の活力の度合いがはかれるといわれています。この説によれば、前方から席が埋まる会社はやる気のある社員が多く、逆に後方の席から埋まる会社はやる気のある社員が少ないのです。さて改めて、あなたなら、どの席に座るでしょうか？

この説を応用した理論に、「ＡＭ理論」と呼ばれるものがあります。「Attitude Map（態度の地図）」の略で、人が座る位置とその人がとる態度の関係性が次のように説明されています。

①プレゼンターから見て左側に座る人は、好意的であり、支持してくれる人が多い。

AM理論

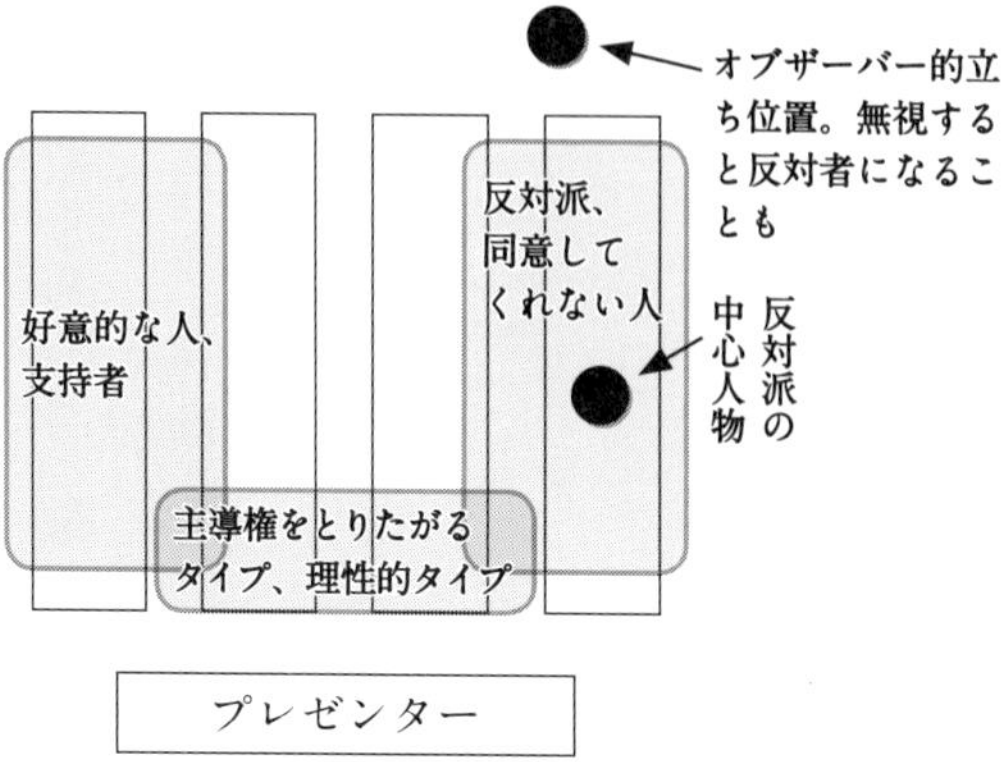

②プレゼンターから見て右側に座る人は、プレゼンターの主張や説明に同意しそうにない人が多い。

③反対派の中心人物は、プレゼンターから見て右側の中央に座ることが多い。

④プレゼンターの真正面に座っている人は、主導権をとりたがるタイプが多い。また、理性的な態度をとる人が多い。

⑤正規の席に座らず、プレゼンターから見て右側の後方にいる人、つまりオブザーバー的な位置どりをする人は、無視すると後々反対者になることがある。

このような傾向を知っていれば、聴衆の心理状態を察しながら対策することができます。

質問話法

質問を投げかけて、聞き手を飽きさせないテクニック

大勢の人の前でプレゼンする場合、聞き手の中には退屈する人がどうしても出てきてしまうものです。話し手にとっては心外ですが、黙って聞いている身になれば、しかたのないことです。しかし、そんな事態は工夫によっていくらでも防ぐことができます。

そのテクニックのうちのひとつが、質問話法です。これは、こちらが一方的に話すのではなく、聞き手に問いを投げかけ、対話するような雰囲気で説明を進める手法です。

たとえば、「子供をやる気にさせるには、短所を叱るより長所をほめるべきです」といった、プレゼンターであるこちらが一方的に説明する方法だと、聞いているほうは注意力が散漫になってきます。

そこで、「子供をやる気にさせるには、どうしたらいいと思いますか？」と聞き手へ質問を投げかけるのです。

3つの質問話法の例

個別質問・・・聴衆から特定の1人を選んで答えてもらう方法。

「先週、競合のA社が注目すべき新製品の販売を開始しましたが、ご存知でしょうか？　Bさん、いかがですか？」

全体質問・・・聴衆全体に向かって質問して、わかる人に答えてもらう方法。

「先週、競合のA社が注目すべき新製品の販売を開始しましたが、皆さんはご存知でしょうか？　おわかりになる方は手を挙げてください」

レトリック質問・・・質問する口ぶりで話し、自分で答えを話す方法。

「先週、競合のA社が注目すべき新製品の販売を開始しましたが、ご存知でしょうか？　そう、○○です。その性能は…」

質問のしかたには、3種類あります。

ひとつは個別に答えを求める「個別質問」。これはその名のとおり、聞き手のなかの誰か特定の人へ質問する方法です。「指名質問」という別名もあります。

もうひとつは聞き手全員に問いかけて答えを募る「全体質問」。「みなさんのなかで、この問題がわかる方は手を挙げてください」などと、全体に問いかける方法です。

最後は、こちらで自問自答する「レトリック質問」。次項で詳しく説明します。

なお、誰も答えられないような難しい質問は、その場の雰囲気が固くなってしまい、逆効果です。簡単な質問を選びましょう。

レトリック質問

聴衆に疑念を抱かせない質問のテクニックをマスターしよう

「レトリック質問」について、前項では、聴衆を退屈させない質問話法のうちのひとつとして紹介しましたが、別の効果もあります。

レトリック質問は、雄弁術のひとつとして昔から知られています。後々、聞き手からやっかいな質問が出ることが予想される点について、あらかじめ自問自答という形で答えてしまい、聴衆の疑念を封じる効果があります。

聞き手がいったん疑念を抱き、こちらの発言を否定的にとらえ始めると、なまなかな回答では納得してもらえません。一般的に聞き手は、一度口にした疑問や質問に固執する傾向があります。そのため、前もって聴衆に疑問を抱かせないようにするために、プレゼンターが自ら質疑応答をしてしまうのです。具体例をみてみましょう。

「ここまでお話しすると、皆様は費用がどのくらいになるのかという疑問を持たれるので

聞き手の立場に立って、説明内容を組み立てよう

○聞き手にとっては、初めて聞く話で理解しづらい点はどこか
○聞き手がもっと詳しく聞きたがる点はどこか
○聞き手の誤解や疑念を引き起こしかねない点はどこか
○聞き手の持っている考えと違う点はどこか

⬇

聞かれる前に、レトリック質問で自問自答して解決する！

はないでしょうか。実は、このプロジェクトにかかる金額は、本年度の予算内でまかなえる範囲内なのです。ですから、臨時の追加予算は必要ありません」

このように、聞き手が感じるであろう疑問に対し、その回答を自ら先回りして述べてしまうのです。

このレトリック質問のテクニックは、通常のスピーチなどでも効果的に使うことができます。

人間関係を円滑にする秘訣は、相手の気持ちを考えること。相手が疑問を抱くであろうポイントをあらかじめ予測することこそ、相手の立場に立って考えることともいえます。

〈監修〉
箱田忠昭（はこだただあき）

インサイトラーニング株式会社 代表取締役、サンフランシスコ州立大学客員教授。
特定非営利活動法人 日本プレゼンテーション協会理事長
日本コカコーラの広告部マネージャー、エスティ・ローダーのマーケティング部長、パルファン・イヴ・サンローラン日本支社長を歴任後、オーラルコミュニケーション中心の研修会社、インサイトラーニング株式会社を設立し、現在に至る。米国で著名な話し方、リーダーシップ、人間関係のセミナーであるデール・カーネギー・コース公認インストラクターとしてビジネスマンを指導。交渉、セールス、プレゼンテーションなどのコミュニケーションスキルの専門家として、経営者から新入社員を対象とした講演活動は年間300回以上にのぼる。一介のセールスマンから外資系企業のトップにまで上りつめた体験と20年以上の坐禅で培った人間的魅力で、各企業からひっぱりだこの名講演家。著書に『「できる人」の話し方&コミュニケーション術』、『「できる人」の聞き方&質問テクニック』、『「できる人」の仕事術&目標達成テクニック」（以上、フォレスト出版）ほか多数。

イラスト　藤井昌子
執筆協力　小野雅彦
ブックデザイン　AD渡邊民人、D小林麻実

魔法の会話101Keywords
1つ習得するたびに、自信を持って人と話せるようになる

2013年4月1日　初　版　第1刷発行

監　　修　箱　田　忠　昭
発 行 者　斎　藤　博　明
発 行 所　ＴＡＣ株式会社　出版事業部
（ＴＡＣ出版）
〒101-8383 東京都千代田区三崎町3-2-18
西村ビル
電話 03（5276）9492（営業）
FAX 03（5276）9674
http://www.tac-school.co.jp
組　　版　株式会社　三協美術
印　　刷　株式会社　光邦
製　　本　東京美術紙工協業組合

ISBN 978-4-8132-5196-5